東南亞史研究 4

小國新加坡的生存與發展

藍嘉祥著

蘭臺出版社

目錄

表目次

圖目次

序言

他山之石

　　此書主要是在說明小國新加坡在國際上的生存與發展，由於世界上的小國眾多，也各有其生存之道，在國際上的表現也都有目共睹。但作者之所以會以新加坡為研究對象，主要是因為同為華人社會為主體，同樣也是海島型的地緣型態國家，作者希望透過新加坡的例子，發現她成功背後的要素，並檢視小國在現實國際環境下的生存發展。

　　其次是新加坡建國初期，她完全毫無資源可言，舉凡天然資源、土地面積、人口數量等，也沒有像世界上多數國家有著共同的歷史和文化。但建國至今，在國家發展上所取得的傲人成果；與在區域上的影響力及其國際體系上的重要性不容小覷。她憑藉的是什麼，那些因素促使她有今日的成果，除此之外，還面臨那些挑戰，例如與美國的關係、中國在區域的崛起、東協一體化的政策等，上述問題對新加坡而言都是必須調整與面對的，也是此書的重要所在。

　　最後能夠完成本著作，首先要感謝恩師宋興洲博士對我的指導與鼓勵，以及我的家人在背後的默默支持，這些都是我動力的來源與激勵。其次也要感謝蘭臺出版社的支持及協助，以便能順利出版。希望此書有關的討論，能夠提供多方不同的面向，明確知道新加坡的生存與發展因素之外，並能對台灣在生存與發展上帶來一些啟迪。

藍嘉祥　謹誌

2021 年 10 月

第一章

導論

第一節　研究動機與目的

壹、研究動機

在聯合國（United Nations）193 個主權（sovereignty）國家當中，有大國也有小國。雖然國際間往往將焦點都擺在大國，但有一些小國，不論在國際關係與國家治理上皆有傲人成果並受到相當的重視，其中新加坡（Singapore）就是當中之一。

新加坡位於東南亞地區的核心，地處麻六甲海域的要衝，有「東方直布羅陀」（Eastern Gibraltar）的稱號。[1] 各國船隻在航向印度洋或是往南海出太平洋等水域時新加坡是必經之處，自十九世紀以來漸漸發展成為世界上最重要的商業海港。[2] 畢竟麻六甲海峽與新加坡是主要連接南海（South China Sea）與印度洋（Indian Ocean）的海上通路，也是介於中東與亞洲國家最短的海上途徑。[3]

1965 年獨立後的新加坡，在沒有天然資源的情況下靠著「經貿」（Economic and trade）與「人才」（Talent）兩項重要因素，

1　「直布羅陀海峽」位於西班牙最南部和非洲西北部之間，是連接地中海與大西洋之間的重要門戶，全長約有 90 公里，該海峽最窄處僅 13 公里，此海峽亦是大西洋通往南歐、北非和西亞的重要航道。參見：華人百科「直布羅陀海峽」，https://www.itsfun.com.tw/，由於新加坡的地理位置與直布羅陀類似，就地緣因素來說，同樣控制南海與印度洋，戰略地位相當重要，因此素有「東方直布羅陀」的稱號。

2　李美賢，《新加坡簡史》（南投：國立暨南大學東南亞研究中心，2003 年 6 月），頁 1。

3　參自：J. Ashley Roach, "Enhancing Maritime Security in the Straits of Malacca and Singapore," *Journal of International Affairs*, Vol. 59, No.1 (Fall/Winter 2005) , pp. 97–99.

迅速成為富裕的亞洲四小龍。此外，更憑藉著得天獨厚的地理環境與國家治理，也是亞洲重要的金融、服務與航運中心之一。

二戰結束時，難以令人置信一個獨特處境、人口稠密、沒有腹地、沒有任何資源、多元種族及多元宗教的新加坡，為了在馬來人的世界裡求生存，1963 年與當時馬來西亞聯合邦、沙巴、沙勞越共同組成馬來西亞聯邦，並且完全脫離英國統治。因與馬來西亞聯邦政府的種族權利分配上意見相左，最後被逐出聯邦[4]。1965 年獨立至今的新加坡，憑藉著華人勤奮向上的特質，排除本身遭受的限制及國際局勢變化，成功的運用外交策略，創造出今日的成果。[5]

新加坡位處在馬來西亞與印尼之間，相較於周圍的東南亞國家而言，她的土地面積與人口數目都堪稱是一個小國家。然而，她卻在國際上享有一定的地位與優勢，雖是夾在強鄰之中，但她能強化本身的國防，並善用自己的特點來謀取國家最大利益。[6] 不

4　范盛保，〈李光耀的新加坡―意外的國家與絕對的生存〉，《台灣國際研究季刊》，第 13 卷第 4 期（2017 年），頁 36。

5　新加坡位在馬來西亞與印尼等回教環繞的國家中，處於太平洋與印度洋的國際航道，雖曾是英國的殖民地、商港與軍港，但其發展主要是依賴海洋運輸的關鍵性樞紐戰略地位。早在英國殖民時期，就已是東南亞的貿易中心，新加坡除了運用既有的地緣優勢外，又在科技、文化、軍事、等外交等方面落實發展，不但擠身已開發國家之林更在國際上受到重視。參見：新加坡文獻館，秦昱華〈新加坡的外交戰略〉（Singapore's diplomatic strategy）。

6　范盛保，〈小國的大戰略―新加坡途徑〉，《台灣國際研究季刊》，第 9 卷第 1 期（2013 年），頁 76-77。

只在區域當中占有一席之地,更在國際舞台上扮演重要的角色。[7]

新加坡是著名的城市國家,她的歷史不長卻在經濟發展上讓人印象深刻[8]。在亞洲國家來說,她在石油、電子、造船、交通、金融、旅遊、商業等方面均十分發達,不僅僅擁有現代化的碼頭和港口設施,同時也是亞太地區最大的轉口港,該國國土面積不大,大約719.1平方公里,相當2.5個台北市的大小,人口近570萬(2019年),政治屬於責任內閣制。除此之外,新加坡在教育水準、國民所得、生活水平與福利制度皆非常完善且治安良好[9]。

由於在各方面的進步與成就,加上環境治安的優良,使她在國際上受重視的程度也相對提升,甚至國際間多次重大會談地點就是選在新加坡,例如,台海兩岸最重要的第一次會談,1993年4月27至29號的「辜汪會談」,2015年11月7號兩岸最高領導人會面「馬習會」,2018年6月全球最矚目的世紀高峰會(Century Summit),美國領導人川普與北韓領導人金正恩的會見仍然是選在新加坡的嘉佩樂酒店舉行。

此外,每年6月初的「香格里拉對話」(The Shangri-La

7　〈均勢與和諧:新加坡的小國大外交〉,《鳳凰網》(2018/12/ 02瀏覽),http://news.ifeng.com/history/shijieshi/special/shuangmianliguang yao/detail.

8　張國城,〈從現實主義中的權力觀點看新加坡的外交政策〉,《台灣國際研究季刊》,第9卷第(2013),頁95–97。

9　中華民國外交部新加坡共和國介紹(Republic of Singapore)(2018/ 09/30瀏覽),https://www.mofa.gov.tw/CountryInfo.aspx。

Dialogue）[10]，這項對話是由新加坡國防部亞洲安全峰會辦公室及英國國際戰略研究所合辦的國際論壇，針對亞太安全議題：（北朝鮮問題、台海危機、區域安全、反恐）等提供對話機制，降低區域緊張情勢，每年在新加坡的香格里拉大飯店舉辦，故又為香格里拉對話[11]。

　　由此可見，新加坡雖是一個小的國家，但她卻能展現靈活的對外手腕與在國際上的生存之道，從開國元勳李光耀至今日的李顯龍，全國秉持上下一心，積極努力、審時度勢的一貫理念務實前進，不僅是區域內的要角，更是在國際關係中有著不可或缺的重要地位。

　　有鑑於此，本文將針對「小國新加坡的生存與發展」來做討論，作者試著從領導者的認知、國內政治環境、國際政治環境、對外政策、面對大國的生存與挑戰等做分析，進一步了解新加坡在國際關係中的生存策略。

10　香格里拉對話（SLD）起源於英國國際戰略研究所（IISS）發起，在新加坡政府支持下於 2002 年開始舉辦的亞洲安全會議（Asian Security Conference），因在新加坡香格里拉酒店舉辦，故此得名「香格里拉對話」。對話特點乃呈現多邊性為主，議題包括傳統安全（Traditional security）、領土主權（Territorial sovereignty）、海洋問題（Ocean problem）。該會談之方式目的在探討和解決共同安全問題的有效途徑，參與國家可利用此平台彼此交流達成共識，形成相互合作之基礎。詳細內容請參見：〈香格里拉對話〉，《百度百科》，tps://baike.baidu.com/item/。

11　〈新加坡的小國大外交〉，《聯合新聞》（2018/10/02 瀏覽），https:// udn.com/news/story/11321/3193445.

貳、研究目的

　　二戰結束後，一些過去西方殖民的國家紛紛獨立並陸續加入聯合國，當然這當中包含著一些小國。新現實主義與新自由主義均以理性為出發點，乃以「博弈理論」（game theory）的分析模式，強調行動者本身的自我認同[12]。因此，國際間也開始好奇這些小國的國力及影響力，從 1970 年代末期開始，國際社會面對五大變動，包括經濟互賴、跨國行為、民族主義與科技擴散等問題的出現，國際政治權力運作的本質大為改變，既是所謂的「軟實力」權力發展模式[13]。換句話說，在國際安全環境的變化之下，對於國家生存的威脅不再侷限於軍事挑戰，也可能是經濟、環境、毒品、衛生與恐攻等非傳統安全議題，不論大國或小國大家都是事主，沒有任何國家能置身事外，那麼國家在不同的領域有不同的反應能力，無形的能力日漸重要，特別是文化吸引力與意識型態、國際制度與規範，這些問題都相當值得關注與研究[14]。

　　所謂小國（Small state），乃是指幅員較小、人口較少，或是國家力量較弱的國家。相較於大國而言，通常會覺得在國際上比較有地位且聲量較大，甚至還可以呼風喚雨，因此，對於小國來說，比較在乎的則是自己的生存與安全保障[15]。所以在國際關係中如何生存，都考驗著小國的智慧與策略。

12　宋興洲，〈國際合作理論與亞太區域經濟〉，《問題與研究》，第 36 卷第 3 期（1997/03），頁 33–34。

13　施正鋒，〈國際政治中的小國〉，《台灣國際研究季刊》，第 13 卷第 4 期（2017/12/01），頁 8。

14　同前註，頁 8。

15　同前註，頁 1–2。

　　獨立後的新加坡對外政策一開始就強調「國家的生存」，這和新加坡領導人對該國的環境認知有著很大的關連，1965 年新加坡被馬來西亞逐出聯邦時，新加坡開國元勳李光耀在面對外在環境只能用「脆弱」兩字（fragile）來形容，不難想像新加坡當時的處境[16]。

　　面對這樣的形勢，如同李光耀曾在他《新加坡賴以生存的硬道理》（Lee Kuan Yew：Hard Truths to Keep Singapore going）一書中開宗明義的提到，「我們處在一個非常動盪的區域，假如我們沒有比鄰國更優秀的政府和人民來保護自己，新加坡將會滅亡。」[17] 由此便能看出新加坡為求生存戰戰兢兢的作為與態度。

　　以新加坡這樣的小國，「生存」是該國領導者唯一的箴言，也是國家制定政策與發展的基礎方針。從建國總理李光耀至現任總理李顯龍，都清楚知道小國的利益在哪，如何使小國符合生存的利益才是最重要的。[18] 李顯龍曾多次對外表示，新加坡作為小國，若能與其他小國甚至大國推展共同事業，不但能保障小國自身的利益，並且能在國際舞台上扮演一定的角色。[19]

16　張國城，〈從現實主義中的權力觀點看新加坡的外交政策〉，《台灣國際研究季刊》，第 9 卷第 1 期（2013），頁 97。

17　請參閱 "Lee, Kuan Yew, *Hard Truths to Keep Singapore going*（Singapore: Singapore Straits Times Press, 2011），p.27. 韓福光、朱萊達、蔡美芬、林惠敏、劉義慶、林悅忻、陳子敬等，《李光耀—新加坡賴以生存的硬道理》（台北：大地出版，2013 年 7 月），頁 20–27。

18　范盛保，〈小國的大戰略—新加坡途徑〉，《台灣國際研究季刊》，第 9 卷第 1 期（2013 年），頁 82–83。

19　〈談小國不向命運妥協，李顯龍：新加坡不願接受「小國無外交」的命運〉，（2019/07/19 瀏覽），https://www.twgreatdaily.com/cat39/node1566693。

由此可知李顯龍身為國家領導人，非常清楚知道小國的發展方向在哪，所以新加坡除了積極打造國內的建設，在對外方面，首重落實區域國家間相互合作，例如，參與馬來西亞、英國、澳大利亞、紐西蘭的五國聯防、推動東協國家在政治與經貿上的往來、拓展東南亞地區整體安全維護[20]，形成一道對外發展的綿密網，為自己帶來區域合作的利益與發展。

因此，本文除以「小國新加坡的生存與發展」為研究外，特別集中以下三個部分做探討：

一、新加坡的政治環境與推動區域合作的努力，這是本文第一個重點。由於新加坡自建國以來一直是由執政的人民行動黨主政（PAP），這樣的民主模式在已開發國家實屬少見，雖然一個國家的對外政策制定，除了決策者及核心幕僚群之外，最後能否得到國會的支持與認同乃關係著政策的發展與成敗，也是對新加坡在區域及國際關係中生存的一大考驗。

二、第二個問題是新加坡的對外政策、生存策略等，本文的目的主要在探討小國在國際關係的生存策略，有鑒於小國先天上在有形資源方面就較大國不足，如何能創造無形的資源發揮最大利益，這是小國需要思考的問題。所以什麼樣的對外政策模式較能符合小國的生存與利益，將是本文的第二個重點。

三、本文第三個重點是針對新加坡生存策略的運用與評估作一歸納，從生存策略的運用評估當中來檢視新加坡的對外政策是否符合現行的國際環境，對新加坡在未來國家發展方面，就小國

20　范盛保，〈小國的大戰略─新加坡途徑〉，《台灣國際研究季刊》，第 9 卷第 1 期（2013 年），頁 82–83。

而言帶來的效益為何，挑戰的因素有哪些，都是該研究問題中欲釐清並整理的。

第二節　文獻回顧分析

國際關係的領域中，大國往往是被受到重視與關注的。不論是區域或是國際間有任何衝突及重大問題，最後都會由大國出面調停。[21] 像在西方小國的典範有希臘城邦（西元前 12 世紀–西元 6 世紀），及義大利城邦（西元 9–15 世紀），在《西伐利亞和約》（The Peace of Westphalia）簽訂後，[22] 小國正式獲得了保障。[23] 就近代而言，一些小國在福利制度或人均收入上面甚至是超越大國，軍事力量與武裝動員能力也不見得比大國差，並且在國際舞台上都還扮演著協調、諮詢及峰會提供的重要角色與場地。

在第一次世界大戰爆發之後，美國總統威爾森（Woodrow

21　參自：Hedley, Bull, *The Anarchical Society a Study of Order in World politics*（Beijing: Beijing University Press, 2007），p.199.

22　《威斯特伐利亞合約》（The Peace of Westphalia），結束 30 年戰爭（1618–1648 年）的合約，對近代國際法的發展，特別是對主權國家的概念、外交關係等概念產生了重大影響。所謂三十年戰爭乃歐洲由封建時代進入資本主義時代，從中世紀時期向近代史時期過渡階段爆發的一場巨大全歐戰爭。在 16 與 17 世紀之時，歐洲的國際形勢極為不穩，存在著衝突的危機，德意志與義大利在當時皆處於割據狀態，因此成為國內外勢力爭鬥的場所。請參見：普世社會科學研究〈威斯特伐利亞合約及對國際法的影響〉。（Pu Shi Institute for social science），http://www.pacilution.com/ShowArticle. asp?ArticleID=8360.

23　施正鋒，〈國際政治中的小國〉，《台灣國際研究季刊》，第 13 卷第 4 期（2017/12/01），頁 2。

Wilson）就提出民族自決（national self-determination）這個口號，主要目的是希望各民族有權自由決定該民族的命運。聯合國憲章也承認「人民自決」（self-determination of peoples）[24] 的權利，換言之，民族自決已是國際認可的規範。[25] 在民族主義與民族自決的主張之下，各民族都應該在國際上組成自己的國家，藉以保障自己的民族利益與獨立自主。[26] 當然也包括小國本身，新加坡在建國初期除了當地華人以外，還包括馬來人、印度人及其他歐洲移民，對於該國而言，在多元文化下要彼此生存並對這個國家有向心力實屬不易，但是新加坡確能發展出使該國人民不論任何族群皆能團結在政府的領導之下。

　　若以國家的生命循環來看小國的醞釀、出現、生存及消失，首先，人類的政治單位是由部落、城邦、王朝、帝國，到現代的民主國家（Democratic-country），它並沒有一定的發展模式。[27] 具體來說，小國的起源有著三種方式：帝國或強權勝極而衰所帶來的分離、城邦彼此間的結合、孤立的地理位置（島嶼或半島）。

24　現代國際法中有關「人民自決權」與「國家領土完整關係」之規定，可追溯到 1945 年 10 月 24 日生效的《聯合國憲章》。該憲章第一條規定了聯合國的各項宗旨，其中第二條規定「發展國際間以尊重人民平等權利及自決原則為根據之友好關係，並採取其他適當辦法，以增強普遍和平」的宗旨。1960 年 12 月 14 日聯合國大會通過的《准許殖民地國家和人民獨立宣言》明確規定了人民自決與國家領土完整的關係。參見：趙建文，〈人民自決權與國家領土完整的關係〉，《法學研究》，第 6 期（2009 年），頁 174–175。

25　方天賜、張登及，〈民族主義與恐怖主義〉，收錄於張亞中、左正東主編，《國際關係總論》（新北：揚智，2011），頁 227。

26　同前註。

27　施正鋒，〈國際政治中的小國〉，《台灣國際研究季刊》，第 13 卷第 4 期（2017/12/01），頁 2–3。

小國在瞬息萬變的國際世界裡面臨的挑戰，是否能夠進行調整而確保安全；[28] 也要看小國能明確的對自身所處環境有確切的認知。

Rothstein 指出，小國的地位終究在 1890–1915 年之間漸漸確立，可以歸納為三大因素，包含國際局勢的重大變動、理想主義思潮的抬頭、軍事科技的長足進步。首先，由於維也納會議（1816）所帶來的歐洲協調（Concert of Europe，Congress System）逐漸崩解，原本列強的均勢機制轉為相互對峙雙方旗鼓相當，軍力相互比較，此外強權自顧不暇，不願得罪小國背後的大國，讓小國有時在無意之中水漲船高。[29]

緊接著軍事科技在 20 世紀的發展，影響著國家有形與無形力量的改變，特別是過去傳統的作戰思維，小國並非侷促於有形的力量上或是任其擺佈，也就是說，國家除了傳統武力作為後盾之外，還必須考量到工業發展、地理條件、內部生存的能力。[30] 尤其是小國無形的力量（intangible power），當中包括對生活美好的堅持，國家內部環境品質的追求，可以彌補小國在軍事武力的不足。[31]

以新加坡為例，地處麻六甲海峽的出海口，每年全球超過一

28　同前註。

29　同前註，頁 3。

30　小國除了以武力（force）作為國家的後盾（National backing）之外，另可積極打造國家無形力量來增加國家資源，以便達到國家有形與無形力量上的平衡與結合，形塑國家對外政策上的籌碼。

31　施正鋒，〈國際政治中的小國〉，《台灣國際研究季刊》，第 13 卷第 4 期（2017/12/01），頁 3。

半的商船由此進出，[32] 自古以來就是兵家必爭之地，對新加坡來說，這是她最重要的資源，所以新加坡的對外政策也盡可能左右逢源，同時引進各方勢力進入東南亞，形成相互平衡並藉此保住國家安全。由於國家比別人小、人口、資源也比別人少，因此，看到其他國家的發展與建設，內心就湧現一股追上去、趕上去的意志以增加本身的價值，這或許也就是新加坡小國生存的要訣。[33]

　　因為在小國的生存發展文獻中，已有多位學者進行不同之論述，個人將針對這些文獻進行整合與分析，以下將是對各文獻提出的綜合觀點：

　　學者魏百谷在其〈小國與強鄰相處之道—以芬蘭與俄羅斯關係為例〉乙文中提到，在國際政治制度兩極分化情形下，被保護小國的討價還價力量更為虛弱，因為大國必然強迫小國結盟服從，而迫使被保護小國向集團做出最大貢獻。[34] 此種情況下，被保護的小國另有兩種選擇。一是可選擇「重新結盟」（re-align），向另一集團的大國尋求保護。二是可採用一個獨立，或是孤立性

32　原文："More than half of the world's annual merchant-fleet tonnage passes through the Straits of Malacca, Sunda and Lombok, with the majority continuing on into the south China Sea. Oil flows through the strait leading into the South China Sea are three times greater than those through the Suez Canal/Sumed Pipeline, and fifteen times greater than oil flows through the Pamama Canal."
　　參閱：J. Ashley Roach, "Enhancing Maritime Security in the Straits of Malacca and Singapore," *Journal of International Affairs*, Vol.59, No.1 (Fall/Winter 2005), p.100.

33　劉必榮，《國際觀的第一本書》（台北：先覺出版，2014 年 7 月），頁 188。

34　魏百谷，〈小國與強鄰相處之道—以芬蘭與俄羅斯關係為例〉，《台灣國際研究季刊》，第 6 卷第 1 期（2010 年春季號），頁 97。

的外交政策方針，傾向軍事與經濟上的自給自足，或可力求與其他小國建立平行關係，漸漸地取消與前保護大國的垂直關係。[35]

　　就現實主義角度來看，若小國對大國完全採取「扈從」（bandwagon）角色，勢必成為大國做為利益交換的籌碼，若是出現兩大強權的競爭，扈從小國也易受被迫選邊站的壓力。例如，二戰之後芬蘭對蘇聯的態度，調整本身過去對蘇的理想主義，而以務實的地緣政治為考量並採取順從蘇聯的策略。分別為「讓步」與「不結盟」等完全順從方式，儘量不與蘇聯利益衝突。[36] 然而冷戰結束後，維持俄羅斯的穩定對芬蘭來說相當重要，芬蘭看重與俄羅斯的雙邊關係與實質合作，對芬俄朝向民主法治、市場經濟與對等關係努力。[37] 其實小國與大國間的權力往往不對等，容易在大國要求下採取「抗衡」或「扈從」，基本上大國在權力政策運用上的變化不大，因此，決定小國與大國間的關係變化，往往取決於小國的運用策略。[38]

　　學者張國城在〈以色列的生存之道─現實主義的觀點〉乙文中提到，以色列做為猶太人組成的國家，從 1948 年建國以來，就

35　同前註。

36　同前註，頁 99。

37　同前註，頁 102。

38　學者吳玉山認為，小國在權力不對等和大國要求下，對大國的政策選項，被侷限在抗衡與扈從兩者間。往往大國的基本政策是一個常數項，所以決定大國與小國關係的主要變項就是小國的策略，即是「抗衡」或扈從。詳見：魏百谷，〈小國與強鄰相處之道─以芬蘭與俄羅斯關係為例〉，《台灣國際研究季刊》，第 6 卷第 1 期（2010 年春季號），頁 97。

處於非常不利的形式當中。[39] 周邊又都被多個阿拉伯國家包圍，幾乎可以說，從建國至今阿拉伯國家就處心積慮的想消滅以色列。然而，以色列在艱鉅又不利的地理環境下，面對如此的處境，不但沒有被擊滅，還克服一切挑戰贏得戰事的勝利。[40] 以色列也是個小國，周邊皆被阿拉伯國家所環伺，雖然處在戰爭一觸即發的情況下，但以色列採用全民皆兵制並能在短時間內迅速動員，使她在區域及國際上有股不容小覷的軍事力量。

以色列的對外政策是「生存」和「安全」為最高目的，其外交資產主要有四項：民主、中立、國家地位、情報軍事。民主使以色列在歐美擁有正當性，也使她足以充分代表猶太人。[41] 雖然以色列與美國關係密切，但沒有任何同盟與防禦條約，在國際態度上面以色列一向採取中立的態度，也不捲入或參與別國的戰爭，以色列軍力雖然強大，但她從沒加入國際維和或是反海盜等行為。[42] 這樣的做法與瑞士永久中立的態度頗為類似。

所以，猶太人在經過亡國之後散居各地，普遍存有強大的

39　張國城，〈以色列的生存之道—現實主義者的觀點〉，《台灣國際研究季刊》，第 13 卷第 3 期（2017），頁 60。

40　作者認為此點與以色列軍人的高昂鬥志有關，因為以色列軍人對國家有極高的忠誠度，也就是戰場上所謂的「精神戰力」，國家帶給軍人強大的精神戰力，若是無精神戰力，就算有精良的武器裝備也是枉然。因此，精神戰力為作戰致勝的重要因素，依據中華民國國軍教戰總則第五條的說明，精神戰力涵括了思想、武德、武藝等三項，它是結合了軍人信念、袍澤之情、抗敵意志、戰技體力與英勇行為，彼此相互融合而成的一股內聚力量，是構成戰鬥力的來原因素，更是無形戰力的展現。詳見：〈精神戰力提升〉，《中華民國 97 年國防報告書》，頁 183。

41　同前註，頁 64。

42　同前註，頁 64。

復國願望，面對強敵阿拉伯國家，為求生存和保護得來不易的土地，願意奮勇抵抗。這與新加坡 1965 年獨立時，面對伊斯蘭為主的周邊國家頗為相似，基本上都是遭遇強鄰的威脅，也因為外部帶來的威脅反而促成人民的憂患意識，更容易形成一股龐大的凝聚力。

學者施正鋒在〈國際政治中的小國〉乙文當中指出，長期以來，國際關係對小國的關注都沒停過。尤其是小國在面對強權時如何做出選擇與回應，譬如選擇中立、抗衡、扈從或是避險，中立（不結盟）對國家來說，有比較大的自由度。可以彈性運用本身的條件。軍力配置無須配合盟邦，也不用徵詢對方，作戰計畫不用整合，甚至還可主動出擊。[43] 但是小國若選擇靠攏亦許可以獲得一些好處，也容易受制於大國的左右。如同冷戰時期，芬蘭為了地緣政治考量，對前蘇聯採取順從策略，卻被西方媒體形容因此失去該國外交自主能力，造成國家主權漸漸流失的情形。

儘管如此，小國在國際現實情況下應如何選擇？是否應該是在修席底德（Thucydides）敘述雅典和斯巴達兩國在西元前進行將近三十年的伯羅奔尼撒戰爭（Peloponnesian War），兩國間的小國米洛司（Milos，Melos）保持中立，拒絕向雅典投降。同樣地，波蘭在 1939 年時面對德國與蘇聯瓜分，勇敢的對抗毫不畏懼，芬蘭在冬季戰爭（Winter War，1939–1940）對抗蘇聯軍隊入侵，以寡敵眾。[44] 雖然小國在面對大國時有先天上的不對等，但也不是一味的屈從或完全的倒向強權。

43　施正鋒，〈國際政治中的小國〉，《台灣國際研究季刊》，第 13　卷第 4 期（2017/12/01），頁 13–14。

44　同前註，頁 14。

　　學者 Le, Hong-Hiep〈建交後越南對中國的避險策略〉乙文中，小國與大國在目標的追求上不盡相同，但卻夾雜著利益與衝突，各個國家都會利用不同的策略去處理國際關係。當顧及小國的生存與自主性，如何去處理與大國的對關係會是一個基本又具有挑戰性的難題。[45] 現實主義提出的主要看法：追求平衡來抗衡較強或是有威脅意圖的國家；追求扈從的關係；使用避險策略（Hedging）來做抗衡。若以平衡策略而言，弱小國家可增加國防或是軍力現代化（內部平衡）以遏止大國的侵略性行為，或也考慮與一些國家聯盟以對抗更強的國家（外部平衡）。[46]

　　基本上，現實主義認為，物質力量（軍力平衡和大國間的聯盟）乃區域穩定的關鍵性決定因素。[47] 但建構主義則主張，觀念力量（規範與認同）是區域環境或結構形成的重要部分，區域內行為與制度對一個國家來說都很重要，尤其是小國，不是只被視為大國間平衡的附屬品，然而，「主權」與「生存」兩者才是與她國外交互動的考慮因素。[48] 格勞秀斯（Grotian）主義者甚至認為，所有國家在相互交往中，都應該受到它們所組成的社會規則與制

45　Le, Hong Hiep, "Vietman's Hedging strategy against China since Normalization," *Review of Global Politics*, Vol.35, No.49 (January 2015), pp. 151–152.

46　Ibid.

47　宋興洲，〈東南亞國協與區域安全〉，《全球政治評論》，第 25 期（2009/01／），頁 4–5。

48　同前註。

度間的約束。[49]

　　當今一些小國家基本上為求生存，領導者都盡可能會兼顧國內外均衡的發展，但由於新加坡地理環境特殊，建國以來都是由人民行動黨主政，國家在政策執行上強調的是效率為先的概念、除了對內政治能力不斷提升之外，也與東南亞其他國家組成同盟「東南亞國家協會」（Association of Southeast Asian Nations，ASEAN），使其對內、對外相互平衡，以求國家的生存和安全發展。

　　學者羅金義等在《老撾的地緣政治學─扈從還是避險》一書中提到，權力平衡是現實主義關於權力論述中的重要一項。瓦爾特（Walter）則提出「威脅平衡理論」，認為一個國家在採取平衡的手段，往往因為接收到他國隱含侵略的意圖，而弱國會因為對威脅的感受程度不同而採取不同的反應。例如，當弱國有機會認知侵略國的意圖是明顯時，便會結合他國與之抗衡的策略，反之，當弱國有機會認知侵略國態度是溫和的，則可能採取扈從於

49　Hedley, Bull, *The Anarchical Society a Study of Order in World politics* (Beijing: Beijing University Press, 2007)，p.25.
　　原文：　"what has been called the Grotian or internationalist tradition stands between the realist tradition and The universalist tradition. The Grotian tradition describes international politics in terms of a society of states or International society. As against the Hobbesian tradition, the Grotians contend that states are not engaged in simple struggle, like gladiators in an arena, but are limited in their conflicts with one another by common rules and institutions. But as against the Kantian or universalist perspective the Grotians accept the Hobbesian premise that sovereigns or states are the principal reality in international politics; the immediate members of interna-tional society are states rather than individual human beings."

侵略國的合作策略，釋出善意以降低未來它發動侵略的可能性。[50]
相較於平衡，「扈從」則是小國單方面的限制本身行為以避免和
大國的利益相衝突，小國就只能在抗拒與屈服間做一選擇，不可
能與大國間發展出完全相互平等的關係。[51]

　　然而，近些年國際學者專家對東南亞地緣戰略分析喜歡運用
「避險」（Hedging）的角度來做研究，例如新加坡、馬來西亞等
國，其實都有更多的條件去選擇外交戰略，面對中國的崛起與美
國霸權，考慮的未必是其財富與權力，而是相對於直接扈從或透
過結盟進行權力平衡，「避險」更能為本身的政權獲得較多的權
威及聲望。[52]

　　所以就新加坡來說，在面對中美兩大強國，一直是秉持著中
間且平衡的路線。長期以來雖與美國維持良好的關係，對於中國
的崛起也能坦然以對。其實新加坡早在 1966 年就與美國建立了經
濟、軍事與外交關係，與中國則是在 1990 年建交，1976 年已故
總理李光耀就開始對中國訪問。隨後繼任的李顯龍也都訪問過中
國，致力於兩國的關係的友好。[53] 表明新加坡需在中美兩國力求平
衡，不願選邊站的態度。

　　以上是綜合幾位學者專家從不同角度及分析來看小國生存的
問題，希望藉此以更豐富、多元的分析，提供給對此議題有興趣

50　羅金義、秦偉榮等，《老撾的地緣政治—扈從還是避險》（香港：
　　香港城市大學出版社，2017 年 12 月），頁 4–8。

51　同前註。

52　同前註。

53　〈李顯龍談小國生存不易—新加坡不想在中美之間選邊站〉，《鉅
　　亨 新 聞 Anue》（2018/12/02 瀏 覽 ），https://news.cnyes.com/news/
　　id/3945776。

的人士參考。

第三節　研究途徑與方法

壹、研究途徑

本文擬由新古典現實主義的概念來探討，由於個人經由眾多學者文獻參考發現，小國生存方式就現實主義的觀點而言，皆是以如何強化自身的利益為首要考量，包括軍事能力，或是對外結盟等種種符合小國的最大利益之目的。但是一些小國，像是以色列、盧森堡、新加坡等，這些小國家不只是軍事實力應有相當的條件，並且在國內的經濟發展上也要能支撐軍事力量，以作為對外合作的重要本錢。

基於現實主義多是以權力的極大化為論點，相較於現在的國際社會來說，似乎在談論國內政治結構、決策者認知因素方面，這些足以影響一個國家的對外策略變化與方向似乎略顯不足，由其是小國的部分。

與結構現實主義者和一些古典現實主義者一樣，新古典現實主義者使用了很多衡量國家物質實力的指標或準則。在這當中通常用來測量的指標包括一國的國內生產總值（GDP）、每年的國防開支水平（以絕對價格計算，占 GDP 或是政府開支的比重）、武裝力量的規模和組成、軍事研發與人口變化趨勢、國家資源大小等。[54] 如同漢斯‧摩根索（Hans Joachim Morgenthau）與其他

54　同前註，頁 41。

學者所提到的，它們也包括了各種無形資源，比如民族的道義力量、領導者與外交的質量。[55]

自從冷戰結束（End of the cold war）以後，東南亞安全區域主義正式進入全球化背景下的新發展階段。東南亞安全區域化呈現出越來越明顯的多領域、多層次、多行為體的綜合發展態勢，面對這種新的安全形勢，東南亞國家皆感覺到一種共同的安全挑戰，因此促使它們對區域合作有了進一步的思考，也採取了更有效的行動。[56] 其中，也反應在新加坡的生存安全政策上面，新加坡只是個小國家，必須在國際上獲得肯定，在區域內也得到認同，以便在國際上獲得相當的重視。

貳、研究方法

研究方法當中「文獻分析法」與「歷史研究法」兩者為常見的研究方法：

一、文獻分析法

文獻乃是紀錄一切活動、信息與知識的載體，具體的說明，文獻是將活動、知識與信息用文字、符號、圖像等，紀錄於一個位置的結合。文獻分析法是針對所蒐集的文獻進行分析探討的一種方法，另外文獻分析法又區分為非結構式質化研究與結構式量

55　同前註。

56　鄭先武，《安全、合作與共同體》（南京：南京大學出版社，2009年），頁 284。

化分析法兩種，[57] 從文獻的分析當中去將所蒐集的報章雜誌、論文期刊、網路資料、政府出版品及各種政策報告書等，大量的發覺事實和證據。

文獻的種類包含了：（一）正規紀錄、（二）專題報告、（三）統計數字、（四）二手報導、（五）非紀錄性資料等。而文獻探討的步驟則包含：（一）發掘文獻、（二）辨別真偽、（三）估計分量、（四）鑑定準確性、（五）掌握蒐集方法、（六）時間分配等主要步驟。[58]

本文期能從新加坡的生存發展研究中，將新加坡在國際關係的生存策略透過文獻的分析呈現出較完整深入的內容。

二、歷史研究法

歷史研究法（Historical Research）是從歷史資料中，利用觀察和測量的方法，將史料有系統的組織，並加以解釋，使各自不相關連的史實發生關係。以研究過去所發生的事件或活動，尋求一些事件間的因果關係以及發展規律，以便做為了解現在和預測將來的基礎。其研究過程包括：選定問題、收集史料、鑑定史料、建立假設、解釋和報告研究發現等。說明它在歷史上是如何發生的，又是怎樣發展到現在的狀況[59]。

因此，作者希望能從新加坡這個多元化國家一些的歷史事件

57　劉開富，〈文獻分析法是現代教育與心理研究的重要方法〉，《雲南：楚雄師範學院學報》（2011/10/28 瀏覽），http://www.fanpq.com/Article/xiezuofanfa/。

58　鐘倫納，《應用社會科學研究法》（台北：台灣商務印書館，2000 年 09 月），頁 153–158。

59　杜維運，《史學方法論》（台北：三民書局，2003），頁 1–10。

當中，去發掘新加坡在國際關係的生存策略、從國內政治制度、對區域國家的影響力、對外政策、面對大國的認知與挑戰等作一詳述，並能更清楚的整理，以達到本文研究的目的。

第四節　研究架構與議題

壹、研究架構

由上述「新加坡的生存與發展」為題架構下，對於小國如何在國際體系中生存，面對國際環境，決策者應有的認知、國內政治結構、對外政策等做深入的研究。將具體從小國的政治環境、與區域國家間的關係、面對大國的認知與挑戰、對外的生存策略等作探討，因此作者在研究架構中表達出對於小國在國際體系的生存策略來說明。每個涵蓋面都是具有相互的關連性與重要性，藉此來看小國在國際關係的對外生存。

以目前新加坡參與的國際組織而言，涵蓋了東協區域論壇、東亞共同體、亞太安全與合作理事會，其次還包括了軍事間的相互合作軍事演習等，在 2001–2002 年期間新加坡還曾擔任聯合國安理會的非常任理事國，也曾派兵參與聯合國在科威特、安哥拉及柬埔寨等國的維和任務。甚至在 2004 年還派了一支 120 人的醫療團隊參與美伊戰爭後的支援管制工作，[60] 這些國際組織新加坡除了積極參與外，更極力主導推動以增進自身在國際舞台的角色和國家生存定位。

60　〈新加坡的外交〉，《維基百科》（2018/12/27 瀏覽），https://zh.wikipedia.org/zh-tw/%E6%96%B0%E5%8A%A0%E5%的

　　由此瞭解，新加坡與區域國家、國際間彼此的關係，其實在態度上是較為積極主動的，尤其在現今全球化的時代下，各國間經由國際機構、區域論壇、簽訂的公約等，彼此相互合作不斷的增進國家安全與互信機制的培養，也透過國際組織的參與提升自身在國際關係中的角色。因此本文的研究架構說明如下：

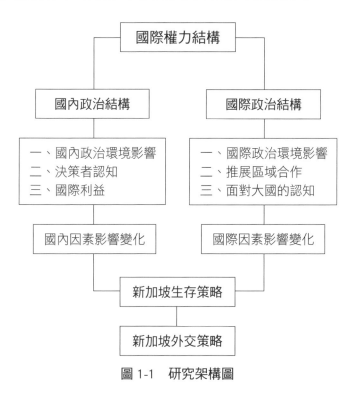

圖 1-1　研究架構圖

資料來源：作者自行繪製整理

貳、研究對象與議題

　　本文主要以新加坡做為研究對象，希望透過新加坡在國際關係的生存與發展做分析外，同時也針對新加坡在推展區域合作、面對大國時的因素、對外與生存等，綜合來做一觀察。

　　小國問題會隨著國際環境及時空因素的改變而做調整，例如冷戰時期美蘇兩大強權對抗，蘇聯解體後中國大陸的崛起，國際間進入後冷戰時期所形成中美兩大強國的競爭局面，這些都關係著小國如何在現實國際體系中求生存。

　　因此本文的研究議題也放在新加坡如何以小國在國際上的表現、面對中美兩大強權有何認知，採行的對外政策等種種方式來做研析，以便在變化多端的國際局勢情況下，進一步瞭解小國的生存之道。

第二章
相關理論與新加坡個案探討

第一節　現實主義的概念

　　現實主義（realism）的傳統，有時又稱為「政治現實主義」（political realism），可說是最古老的國際關係理論，它可追溯至修昔底德（Thucydides）在西元前 431 年對伯羅奔尼撒戰爭（Peloponnesian War）的解釋，[1] 以及約略在同一時期，中國孫子所寫的經典著作—《孫子兵法》。[2] 其他現實主義的傳統巨擘尚包含馬基維利（Machiavelli）和霍布斯（Thomas Hob-bes）等相關書籍資料皆有完整的闡述。[3]

　　但是現實主義真正成為主流的國際政治觀點，則一直是到兩次世界大戰之後的二十世紀，理想主義認為國際關係應受道德的指引，然而，現實主義則是重視權力政治（power politics）以及國家利益的擴張，[4] 其核心假設是國家為國際世界中心的主要行為

1　修昔底德（Thucydides）《伯羅奔尼撒戰爭史》（The Peloponnesian War）中著名的米洛斯人對話：（Melian Dialouge），對話之中雅典將軍對米洛斯人說，「強者可以為所欲為，弱者只能逆來順受」。（The strong do what they can and the weak suffer what they must.）林炫向，〈國際關係的規範論述〉，收錄於張亞中、左正東主編，《國際關係總論》（新北：揚智，2011），頁 153–154。

2　楊日青、李培元、林文斌、劉兆隆等譯，Andrew. Heywood 著，《政治學新論》（台北：韋伯，1999），頁 246。

3　參見：Friedrich Meiecke, trans. by Douglas Scott, *Machiavellism: The Doctrine of Raison D'etat and its Place in Modern History* (N.J.; London: Transaction, 1997) , p.1.; Jonathan Haslam, *No Virtue Like Necessity: Realist Thought in International Relations since Machiavelli* (London: Yale University Press, 2002) .

4　有關國家利益請參考：Hedley, Bull, *The Anarchical Society a Study of Order in World politics* (Beijing: Beijing University Press, 2007) , p.63.

者與主權者，並且是個自主性實體。[5] 現實主義者認為除了主權國家之外，並無其他更高的權威存在，國際政治是在「自然狀態」（state of nature）中運作的，其特徵是無政府而非和諧，無政府狀態下的國際體系迫使每個國家必須自助，必須要以自身國家利益為優先，當中最為根本的是，「國家的生存與國土的維護」。[6]

例如 Waltz 的研究著重於國際體系（因此有時會被稱作結構現實主義），他認為必須由根本上區分「層級體系」（hierarchical）以及無政府體系（anarchical）。[7] 後者是由「同類」的個體所組成，以能力而非功能，區分個體與個體的關係；但在層級體系下，個體有不同的功能。無政府體系（自助的體系）是由獨立的行為者（unitary actor）所組成；行為者被假定為自利的，以尋求自保。[8]

Waltz 在他的著作中提到，國際政治系統就像是經濟市場一樣，是由關注自我的單元的共同行為所形成的。[9] 國際結構是根據某一時期主要的政治行為體，無論是帝國、城邦與民族國家來定義的。與經濟市場類似，國際政治系統在本源上是個人主義的，它是自發形成的，而非人為的有意創建。[10] 兩者皆是由單元的共同

5　同註 2。

6　同註 2，頁 246–247。

7　國家教育研究院／鄧凱元、張裕斌等譯，Chris. Brown 著，《當代國際政治理論》（台北：巨流，2013），頁 79。

8　同前註。

9　信強譯，Kenneth N. Waltz 著，《國際政治理論》（上海：上海人民出版社，2017），頁 97。

10　同前註。

行為所形成。單元的生存、繁榮或滅亡都取決於自己的努力，[11] 因此，兩個系統的形成和維持都基於單元所信奉的「自助原則」，[12] 國際政治與經濟市場在結構上的相似之處只在於自助原則的相通性。[13]

所以除去生存動機，每個國家可能具有各式各樣的其他目的，除非一個國家不想作為一個政治實體繼續存在，否則生存是它實現任何目標的前提。在一個國家安全無法得到保障的世界環境裡，「生存動機」被視為一切行動的基礎。[14] 只是在一個自助系統中，每個單元都要花費部分精力來發展自衛的手段，而非用來促進自身的福利。國家為了自衛反而耗費過多的資源，因而錯失與他國合作而增進自身福利的機會，由於無法依靠他國，每個單元的動機就是能夠實現「自我保護」（Self-Protection）[15]。

現實主義在東南亞的外交與安全研究中向來具有一定的地位。[16] 權力是其核心概念，可歸納為「追求權力」、「權力平衡」

---

11 請參閱：*Hedley, Bull, The Anarchical Society a Study of Order in World politics* (Beijing: Beijing University Press, 2007) , p.225.

12 參見註釋 9，頁 94–98。

13 同前註。

14 同註釋 9。

15 同註釋 9，頁 113。

16 一般現實主義大致分為兩種類型：古典現實主義、新現實主義或結構現實主義。新現實主義一般較傾向於採取實證主義的方法論，因此較不願提出規範主張，相較之下，古典現實主義則因視判斷採用的（judgment）為不可避免，所以從不認為道德與政治可以完全分開。詳細內容：林炫向，〈國際關係的規範論述〉，收錄於張亞中、左正東主編，《國際關係總論》（新北：揚智，2011），頁 153。

兩大基本假設：[17]

　　一、追求權力：「生存」是國家最高的利益，但國際環境乃無政府狀態，因此沒有一個強有力的中央政府會保障各國的安全，所以各國需要追求權力以自助，權力當中最重要的基本就是軍力，這也是維護國家安全利益的最大保障。

　　二、權力平衡：一般來說權力平衡乃是國際關係中的一種均衡狀態，[18] 是國家對外關係發展的一種戰略與策略（Strategy）。然而在國際環境當中，權力平衡對防止衝突極為重要。權力平衡是現實主義有關權力政治論述中的一個重要組成部分，在現實主義者來看，國際體系中權力的分配反映出國際關係中均衡或不均衡的形態，同時也是一種研究與觀察當權力分配轉變時之特點、原則和形式的理論，它也是國家對外處理國際關係的一項策略。[19]

　　自從國際關係學門於 1919 年在英國威爾斯大學（University of Wales）正式成立，現實主義與理想主義（自由主義）乃為學術界普遍喜歡採用的兩大典範。原因是，現實主義透過運用物質

17　張國城，〈從現實主義中的權力觀點看新加坡的外交政策〉，《台灣國際研究季刊》，第 9 卷第 1 期（2013），頁 97-98。

18　參見：Hedley, Bull, *The Anarchical Society a Study of Order in World politics* (Beijing: Beijing University Press, 2007), pp.107-108.
原文內容："It is clear that in contemporary international politics there does exist a blance of power which fulfils the Same functions in relation to international order which it has performed in other periods. If any important qualification needs to be made to this statement it is that since the late 1950s there has existed another phenomenon which in some respects is a special case of the balance of power but in other respects is different: mutual nuclear deterrence."

19　譚偉恩，〈權力平衡理論之研究—現實主義觀點〉，《國際關係學報》，第 22 期（2006/07/），頁 138。

力量，如軍事或主權國家經濟實力來說明真實的世界。理想主義
（自由主義）則強調概念因素，以規範或認同的角度來看待國際
關係，兩者之間有很大的差別。[20]

　　隨著國際關係的日漸複雜，現實主義在理論的探討中也越來
越細。[21] 權力（Power）不僅是現實主義的核心問題，亦是國際關
係的主要概念。[22] 現實主義喜歡將「國家利益」置於核心地位，主
張將「權力」放在優先順位，以國家安全、軍事策略、國力大小
等外交政策手腕的運用來達到國家的最高利益。

　　另外，現實主義大致分為兩種類型：古典現實主義（classical
realism）與新現實主義或結構現實主義（neorealism or structural
realism），新現實主義一般傾向於採取實證主義的方法論，因此
比較不願意提出規範的主張。[23] 相較之下，古典現實主義因視「判
斷」（judgment）為不可避免，所以從來不認為道德與政治可以完
全分離。[24] 以下將就兩個不同理論作一論述：

20　廖舜右、曹雄源，〈現實主義〉，收錄於張亞中、左正東主編，《國
　　際關係總論》（新北：揚智，2011），頁40。

21　人類活動發展歷程中，曾經組織不同型態的政治實體，這些不同種
　　類政治實體間的互動，成為眾人關注的焦點，尤其是政治實體間的
　　戰爭與和平，成為歷代學者窮首鑽研的課題，更成為統治者時時刻
　　刻無法迴避的挑戰，國際關係學在人類政經活動日趨複雜及轉型創
　　造的過程中，受到實際的政治統治需求與學術探索的雙重刺激，逐
　　步建立起精細的國家互動典範，建構出日趨完備的國際關係分析架
　　構。
　　可參見：陳欣之，〈國際關係學的發展〉，收錄於張亞中、左正東
　　主編，《國際關係總論》（新北：揚智，2011），頁2。

22　同前註。

23　林炫向，〈國際關係的規範論述〉，收錄於張亞中、左正東主編，《國
　　際關係總論》（新北：揚智，2011），頁153。

24　同前註。

壹、古典現實主義

　　古典現實主義者相信，透過對於人性的真實認識和瞭解，有助於發現國際政治運作方面的法則與模式。[25] 較為著名的古典現實主義代表人物為卡爾與摩根索，在卡爾的觀點裡，探討國際政治需要一套更嚴謹的研究途徑與架構，其中的關鍵就是針對「權力」在國際關係中角色與地位的探究。[26] 另一代表人物摩根索，即將權力定義為國家執行外交政策有形與無形的力量，有形力量具有可供測量的指標，例如人口數目、領土面積、自然資源、軍事準備、經濟程度等。[27] 無形力量則可包括民心、士氣、領導者的能力等，古典現實主義的權力定義在一定程度上，[28] 可以提供對特定國家的認識。[29]

　　古典現實主義的悲觀態度肇始於對人性的理解，早期的古典現實主義學者，如霍布斯（Thomas Hobbes），將權力視為解釋人

25　廖舜右、曹雄源，〈現實主義〉，收錄於張亞中、左正東主編，《國際關係總論》（新北：揚智，2011），頁 43。

26　同前註。

27　同前註，頁 41。

28　摩根索指出均勢的模式有二：（一）直接對抗模式：指的是兩國間的對抗，此種對抗會持續一段時間，直到對方屈服或是以武力來解決，最終目標在壓倒對方。（二）競爭模式：是指兩個對抗國家爭奪第三國的控制權，以獲得較對手國有利的地位。例如，中美兩大國在均勢競爭中美方對拉攏區域國家、軍艦共同演習、調整軍力布署，甚至公開宣稱釣魚臺適用於美日安保等作法，都是一種競爭的對抗。

參見：鄭仁智，〈權力平衡理論之研究—現實主義觀點〉，《展望與探索》，第 13 卷第 9 期（2014/09），頁 30。

29　同前註。

類行為的關鍵因素，認為人類對權力慾望的追求是永無止盡的。[30]
由於人類彼此之間擁有可以相互毀滅對方的能力，因此，對於隨
時可能發生的死亡結果產生恐懼，因而相互猜忌，為了生存而展
開永無休止的鬥爭。[31]

　　在國際體系中，除了國家以外，國際組織、跨國公司甚至
個人，都是體系中的行為者，國家的行為是理性衡量後的產物，
即使在「無政府」的國際體系中，合作（Cooperation）都是經常
發生與存在的現象，此種合作都是保障和獲得權力的手段。[32] 雖
然有些國際關係學者認為現實主義低估了國際合作的可能性與國
際制度的能力，但國家是有理性的，若國家覺得行為合乎規則，
具一致性且有秩序可以保障權力，皆還是會選擇加入國際組織。
為了要獲得權力，國家多數情況下，多少都會權衡所選擇行為的
「得」或「失」，以最大化及實際效用，國家也會透過交易與權
衡使整個合作達到一種穩定的結果，藉以維持和獲得權力。[33]

　　古典現實主義的傳統思想源自於修昔底德、馬基維利、霍布

30　譚偉恩，〈權力平衡理論之研究─現實主義觀點〉，《國際關係學
　　報》，第 22 期（2006/07/），頁 131–132。

31　同前註，頁 132。

32　張國城，〈從現實主義中的權力觀點看新加坡的外交政策〉，《台
　　灣國際研究季刊》，第 9 卷第 1 期（2013），頁 102。

33　同前註。

斯等的作品。[34] 主要強調國際追求利益超過對於普世道德信念的維護，是導致國際政治僅被視為權力鬥爭場所的必然結果，古典現實主義認為人性有追求權力與利益的必然性是現實主義的根源。[35] 以不同的層次（決策者、政府、國家）作為探討政策輸出的分析架構，並將權力平衡（balance of power）、安全困境（security dilemma）、軍備競賽及外交政策等作為為其研究範疇的焦點。[36]

　　依照古典現實主義，國際社會處於一種無政府狀態，每一個國家都照著自己的國家利益，致力於擴大本身的權力並捍衛主權。[37] 國家利益由國家領袖按國家的地緣政治和歷史發展而決定，利益的順序依次是生存安全、獨立自主和政經發展。[38] 雖然古典現實主義堅持利益至上，權力為一切的基礎，但它也飽受一些批評，例如對經濟因素的漠視，無視於非國家因素對國際政治的影響、過於簡約、只運用實證研究方式解釋國際政治等，[39] 這些都是古典現實主義極具爭議的部分。

34　對現實主義來說，唯一可行的倫理即是自我利益。國家領導階層只對他們的國家人民有責任義務，及確保他們的國家能在國際無政府狀態、不確定的情況下得以生存的責任。自助乃是一種道德責任的義務，而此種自我利益的倫理被認為是可取的。參見：Richard Shapcot "Internatioal Ethics," in john Baylis, Steve Smith & Patricia Owens, eds., *The Globalization of world politics: An Introduction to International Relations* (Oxford; New York: Oxford University Press, 2008).
　　張至涵，〈道德現實主義初探〉，《國際關係學報》，第 35 期（2013），頁 136。

35　同註 25，頁 44。

36　同註 25，頁 44–45。

37　蘇宏達，〈檢視古典現實主義對戴高樂時期歐洲統合運動發展的解釋〉，《政治科學論叢》，第 46 期（2010），頁 48。

38　同前註。

39　同前註。

貳、新現實主義（結構現實主義）

由於古典現實主義無法因應急遽變遷的全球政治的形貌，結構現實主義的出現是對於古典現實主義的批判和補充，結構現實主義的代表人物包括了華茲（Waltz）、布贊（Barry Buzau）及克萊斯納（Stephen Krasner）等人，[40] 他們試著從「國際結構與國際體系」來描述、解釋及預測國家行為，而非像古典現實主義單純的從「國家」內部的權力或國家利益角度來分析國際政治。[41]

結構現實主義創始者 Waltz 主張，為了方便理解國際政治，我們必須理解國際體系，國家與國家間彼此互動的政治環境性質。[42] 冷戰結束是國際關係的重大發展，它改變了國際關係的環境、權力結構、與國家間的互動關係，讓四十餘年持續不變的國際架構，瞬息之間得到轉變。Waltz 一九七九年出版的國際政治理論一書，可說是影響當代國際政治理論甚巨的著作，它不只確立新現實主義在國際關係學界的主流地位，而且熱化國際關係學的思潮，牽引出日後各種不同理論主張之興起。[43]

Waltz 在他的著作中揭示「國際體系結構理論」，該理論曾獲得廣泛的重視與討論，其中主要原因有二：第一、他有效的將傳統現實主義相關權力與國家利益的核心概念，和科學實證主義建立理論的要求合而為一，達到為現實主義建立理論的目標。第

40　廖舜右、曹雄源，〈現實主義〉，收錄於張亞中、左正東主編，《國際關係總論》（新北：揚智，2011），頁 45。

41　同前註。

42　Kenneth N. Waltz. *Man, the State and War* (New York: McGraw Hill. 1959).

43　鄭瑞耀，〈國際關係「社會建構主義理論」評析〉，《美歐季刊》，第 15 卷第 2 期（2001），頁 201。

二、他所提出的國際體系結構理論乃國際關係理論中亟具嚴謹、簡明、邏輯和實證性的特色，當中要點，國際關係包含了決策者、國家，和國際體系等三個層次，[44] 但決定國際關係活動的主要是國際體系層次，前兩者皆非重要的決定力量。[45]

國際體系包括國際結構與國際成員（主要是國家）兩大部分，[46] 其中國際結構是由國際無政府狀態（Anarchy）、國家，和權力分配所構成，真正決定國際結構的是國家間權力分配，因此，不同的權力分配會形成不同的國際結構，而不同的國際結構會決定國家的行為。畢竟一國對外行動當會本著理性和國家利益考量，以及其在國際權力所處的地位，選擇最有利的方法與對策，如果違背此原則，可能會遭受到生存的危機，總之，國際權力分配決定國際結構，而國際結構決定國家對外行為。[47]

如同 Waltz 說過，國際政治系統就像經濟市場一樣，[48] 正如經濟學家根據公司來定義市場，我則根據國家來定義國際政治。

44　同前註，頁 202。

45　同前註。

46　「結構概念」（Structural concept）建立於這樣一個事實基礎之上，即以不同方式排列和組合的單元具有不同的行為方式，在互動當中會產生不同的結果。我首先要表明國內政治結構是如何定義的，在一本國際政治理論著作中爲了對國內政治（Domestic Poitics）與國際政治（International Politics）中行為和結果的預期進行區分，我們必須首先對國內政治結構加以考察。而且，考慮國內政治結構將使我們在以後更易理解難以捉模的國際政治結構。
可參考：*Kenneth N. Waltz, Theory of International Politics.* (Massachusetts: Addison-Wesley Publishing Company, 1979) .

47　同前註。

48　Kenneth N. Waltz, *Theory of International Politics.* (Massachusetts: Addison-Wesley Publishing Company, 1979) .

因為經濟能力不能與國家的其他能力相分離，國家利用經濟手段
來實現軍事和政治目的，或是利用軍事和政治手段來取得經濟利
益。[49] 國際政治學者根據大國的數量來區分國際政治系統，系統的
結構隨著系統單元能力分配的變化而變化，並且結構的變化導致
對系統單元的行為以及它們互動結果的預期也隨之變化。[50]

　　如何用新的理論融合日益複雜的國際現像，是 1970 年代國際
關係研究的核心問題，此時新現實主義的適時出現，運用體系分
析的面貌解釋傳統現實主義發明的權力與國家利益等概念，突破
國際關係研究途徑的困境，更重新延續現實主義的重要性，鞏固
了現實主義學派在國際關係理論中的主流地位。[51]

第二節　新古典現實主義

　　從現實主義一般概念中可發現，雖然傳統現實主義與新現實

49　信強譯，Kenneth. Waltz 著，《國際政治理論》（上海：上海人民出
　　版社，2017），頁 100。

50　同前註，頁 103。

51　陳欣之，〈國際關係學的發展〉，收錄於張亞中、左正東主編，《國
　　際關係總論》（新北：揚智，2011），頁 19。
　　進入 1970 年代，傳統現實主義已經很難解釋美國與蘇聯對抗所形
　　成的冷戰兩極體系狀況，由其難以回應兩極體系如何能夠長久維繫
　　權力平衡狀態。華爾茲（Kenneth N. Waltz）撰寫《國際政治理論》
　　（Theory of International Politics），以國際體系的無政府狀態為前提，
　　透過解析國際體系內國家能力的分配狀態，形成運用國際體系的結
　　構，進而解釋國家行為的新現實主義（或稱為結構現實主義）論述，
　　更提出了權力平衡狀態（Blance of power）是國際體系之必然發展
　　的論點。
　　參見：陳欣之，〈國際關係學的發展〉，收錄於張亞中、左正東主編，
　　《國際關係總論》（新北：揚智，2011），頁 19。

主義之間皆視權力作為一個國家生存不可或缺的重要因素，彼此也都承認國際無政府狀態下，為求生存「自助」與「安全」成為每一個國家共同追求的目標。國家除了有形的力量之外，也包括無形的力量，若是這兩股力量均衡發展對一個國家來說勢必形成有用的資源與權力。

　　但傳統現實主義過於強調利益與權力的追求，對經濟方面的輕忽及對非國家因素是否影響國際政治等都遭受質疑與批評，然而結構現實主義對新古典現實主義研究來說，在路徑上也存在幾項問題：包括領導者並不能有效正確體會體系指令、國際體系本身並不總是發出關於威脅與機遇的明確信號、決策者並不總是對體系指令作出理性回應、國家並不總是能夠有力且高效地動員可獲取的資源等。[52] 這些因素乃是新古典現實主義對結構現實主義提出的修正。

　　然而，新古典現實主義就國內因素的部分，包括決策者的認知、國家利益的定義，與國內政治結構等，依照新古典現實主義來看，首先，國際權力分配是影響國家外交政策的重要因素，國家間的相對權力也是主導國際關係運作的核心力量，其次，權力分配雖然是影響外交政策的主要力量，但無法解釋國家為何在短期內產生重大行為轉變，外交政策也會因決策者的認知而有所影響。[53]

　　新古典現實主義認為國家是國際體系中最重要的行為體，

52　劉豐、張晨等譯，諾林‧里普斯曼等著，《新古典現實主義─國際政治理論》（上海：上海人民出版社，2017），頁 9。

53　鄭中堂，〈2017 年川普政府時期美國對中國政策之改變：新古典現實主義觀點〉，《復興崗學報》，第 112 期（2018），頁 81–82。

但與之不同的是這一理論認為國家內部是存在差異的。新古典現實主義認為國家具有相當程度的獨立性，因為負責制定對外安全政策的政府首腦、部長與其他官員構成了所謂的國家安全執行官（national security executive）的重要角色，他們在國際和國內雙重約束下界定《國家利益》制定外交政策。[54] 畢竟一個國家的外交政策會受國際體系的驅動，內部與外部因素都對國家在生存上帶來重大影響。

　　由於新古典現實主義理論對作者本身所要研究的內容較能明確且客觀的分析，尤其是小國如何在國際環境中生存、國內政治環境與國際政治結構因素、決策者本身的認知等，種種所產生的問題都促使本人將其深入研究探討，因此這也是作者欲藉由新古典現實主義作為研究途徑的主要目的。以下將就新古典現實主義觀點、對外因素問題等作一說明：

壹、新古典現實主義觀點

　　新古典現實主義是現實主義後期所衍生出來的理論，其主要是積極的為現實主義所辯護，所以它在現實主義理論中，具有相當的包容性和採取較為客觀的中間路線，因此能和現實主義學派下的諸理論，與後冷戰時期多變的國際外交環境共存。[55]

　　新古典現實主義分析外交政策亦是以權力為基礎，權力是決

54　陳志瑞、劉豐等，〈國際體系、國內政治與外交政策理論─新古典現實主義的理論建構與經驗拓展〉，《世界經濟與政治》，第 3 期（2014），頁 121。

55　吳健中，〈中國大陸經濟崛起下的兩岸互動─以胡錦濤時期為例〉（台中：東海大學政治研究所博士論文，2016 年），頁 23。

定國家行動的基礎，雖是如此，但權力本身並無法直接及於外交政策行為，必須透過決策者與國內政治的承接傳送。也就是說，除了國際權力分配以外，決策者的認知、國家利益、國內政治環境等因素，對一個國家的外交制定與行為皆有重大影響，新古典現實主義亦強調外交政策是由決策者制定，決策者對於國際權力的認知（Perception）可決定國家對外政策。[56]

當國家相對權力增加時，對外行動能力也會增加，但這並非是自動化的過程，國家權力是否轉化為國際行動力量，取決於國內政治結構，尤其是在政府能力方面，即國家權力增長並非政府能力增強，若是政府能力有所限制，無法運用國家權力於對外政策行動，則無法反映出國際權力分配的影響力，但卻可反映出國內政治的影響效能。[57] 這也是新古典現實主義需要重視與探討的地方。[58]

如同新古典現實主義和結構現實主義，新古典現實主義又將國際政治視為在一個資源有限、各方意圖和實力都無法明確掌握的世界中，各國為了權力和影響力而展開無休止的鬥爭，國際體系的結構與「結構性調節因素」塑造了國家可能採取的戰略及

56　同前註。

57　同前註，頁 24。

58　例如：美國總統富蘭克林・羅斯福（Franklin Roosevelt）二戰時傾向給英國和法國提供更大的支持以抵抗納粹德國，但此項動員遭受到國內公眾與國會反對力量的阻撓。使得在初期階段延緩和限制了美國的援助，國內制約阻礙了羅斯福領導下的美國直接捲入歐洲的戰爭，直至 1941 年 12 月日本偷襲珍珠港，以及德國隨後對美宣戰。參閱：劉豐、張晨等譯，諾林・里普斯曼等著，《新古典現實主義—國際政治理論》（上海：上海人民出版社，2017），頁 21–22。

國家間對討價還價的一系列廣泛結果。[59] 戴維‧鮑德溫（David Baldwin）在國際關係研究文獻中區分了兩種主要權力研究路徑，一種是「關係性的權力路徑」，這種方法將權力描繪為行為體之間實際或潛在的關係，另一種是「實力要素權力路徑」，這種方式將權力看作是一種資源，並且是實踐目標的一種手段，而非目標本身。[60]

新古典現實主義雖是 20 世紀 80 年代後期逐漸興起的一種外交政策理論。[61] 當時國際關係理論之建構已經發展到了較高的層次，以新現實和新自由主義為代表的主流理論分別上升到體系層次，形成了簡約與科學的一種宏觀理論。[62] 明確區分國際政治理論與外交政策理論是肯尼思‧華爾茲（Kenneth. N. Waltz）進行理論建構的前提。他指出，只有當不同的對象與過程、行動與事件、行為與互動構成一個就其本身而言能夠加以研究的領域時，理論建構才能成為可能。[63]

Waltz 關於國際政治理論和外交政策理論的區分主要依據兩者所要解釋對象（因變量）的不同，儘管無論在現實主義陣營內部還是外部，也有學者對此種劃分持不同見解，但相當一部分現實

59　劉豐、張晨等譯，諾林‧里普斯曼等著，《新古典現實主義—國際政治理論》（上海：上海人民出版社，2017），頁 40。

60　同前註，頁 41。

61　James N. Rosenau, ed., *Comparing Foreign Policies: Theories, Findings and Methods,* (New York: Hal sted Press, 1974) .

62　陳志瑞、劉豐等，〈國際體系、國內政治與外交政策理論—新古典現實主義的理論建構與經驗拓展〉，《世界經濟與政治》，第 3 期（2014），頁 113。

63　同前註。

主義學者將自己研究限定為外交政策理論的建構與應用。[64] 比如，
扎卡里亞（Zakaria）認為，國際政治理論解釋一般性的國際結
果，而對外政策理論研究不同國家或者一個國家在不同歷史環境
下所具有的不同意圖、目標和偏好。托利弗（Tolliver）也指出，
新現實主義與新古典現實主義兩者之間所要解釋的現象（因變
量）而言存在不同，大多數的新古典現實主義的理論並沒有主張
要解釋體系的結果，在一定程度上，正因為華爾茲的結構現實主
義理論界定為一種國際政治理論，才激發了現實主義陣營內部一
些學者試圖建立更加簡約、嚴謹和科學的外交政策理論。[65]

　　因此，國際政治和外交政策的分野以及跨層次研究的興起是
新古典現實主義興起的重要理論背景。一方面，傳統上有關對外
政策的研究主要立足於國內政治層面，另一方面，立足於體系層
次的結構，現實主義反對將其作為一種外交政策理論。但是一個
國家實際的對外政策不可能將體系與單元兩個層次上的影響因素
完全切割開來，如何架構起兩者間的聯繫、將其統一到對外政策
的解釋中就成為新古典現實主義的核心議題。[66]

　　新古典現實主義的研究起源於 1990 年中期，部分現實主義者
思考國家的外交政策（因變數）如何被國際權力（自變數）所形
塑，而國內政治（中介變數）如何影響外交政策的形成。[67] 新古典
現實主義（Neoclassical realism）認為內部與外部變數相互影響，
一國的外交政策受到體系所驅動，但這些外交政策的能力是間接

64　同前註，頁 114。

65　同前註，頁 115。

66　同前註。

67　許峻賓，〈亞太地區經濟整合的發展：新型大國關係的變數〉（台中：
　　東海大學政治研究所博士論文，2018 年），頁 39。

的、複雜的，因為體系壓力必須藉由中介變數而在單元中轉換，新古典現實主義者認為，如同修昔底斯（Thucydides）所言，相關的物質權力是建立一國外交政策的基本要素，但沒有且完美的立即轉移。[68] 其次，這些領導者與菁英並不總是有完整的自由可以依其意願運用國家資源，因此權力分析也應該考量該國社會的結構。換言之，相同總體能力的國家會因為不同的國內結構而有不同的行為，而體系壓力與誘因則是扮演著形塑外交政策的廣泛輪廓與總體方向。[69]

在概念因素方面，新古典現實主義調整結構現實主義賦予國家企圖與動機的不變性，因而提出「滿足現狀」與不滿足現狀的「修正主義」者（status quo vs. revisionist）的補充概念。新古典現實主義認為國家企圖與動機並非固定不變，滿足現狀的國家與不滿足現狀的國家，兩者間所持的目標與政策皆不相同。滿足現狀的國家通常傾向於接受當下的國際秩序與權力分配，權力平衡為其維護現存秩序的政策，另一方面，不滿於現狀的國家則傾向挑戰或改變當下的國際秩序。[70] 因此，對於新古典現實主義而言，弱者在扈從（bandwagon）強者或與之結盟，亦或是弱者企圖維持現狀或改變現狀的另一個方法，在此種解讀下，同盟的意涵不在僅止於權力平衡的單一概念。[71]

Waltz 政治行為體是選擇彼此制衡還是追隨強者（bandwagon），取決於系統的結構。例如，政黨在選擇總統候選人時，

68　同前註，頁 41。

69　同前註。

70　廖舜右、曹雄源，〈現實主義〉，收錄於張亞中、左正東主編，《國際關係總論》（新北：揚智，2011），頁 49-50。

71　同前註，頁 50。

這兩點皆得到鮮明的體現。當提名時間即將到來，而又沒有一位候選人得到黨內的支持，一些未來的領袖便會展開競爭，某些人將形成聯盟，以制衡他人的發展。當政黨缺乏領袖時，這些未來的領袖的策略與相互制衡類似於國家的對外行為。[72]

但這一行為模式是在沒有一個公認的領袖之情況下才會存在，只要有某個人選將要勝出，幾乎所有人都會選擇追隨強者，而不會再有人試圖通過結盟來阻止他人贏得權力。[73] 而在國際上國家一旦落後，他們會更加努力的增強自身的實力，或是選擇與他國合作，在爭奪領導地位的鬥爭中，當一方聯盟戰勝另一方聯盟，勝利聯盟中的弱國便會聽命於強者，而此時採取均勢策略則為明智之舉，國家不希望任何國家能夠取勝，所有強國都不希望任何一國成為領袖國家。[74]

因此無論是國內政治結構或是國際政治結構，強者的一方永遠都是占據主導位置，當國際間出現某一「霸權」時，[75] 其他國家便會靠攏，就如同當政黨領袖被公認推舉之後，其他的人都會選擇跟隨，但在其他強國都不願任何一國居於主導地位時，權力平衡便顯得相對重要，尤其是對較小的國家而言，在對外政策上也

72　信強譯，Kenneth. Waltz 著，《國際政治理論》（上海：上海人民出版社，2017），頁 133。

73　同前註。

74　同前註。

75　在國際關係論中，經常出現「霸權」一詞，並且將美國這個世界強權稱之為霸權。對此米爾斯海默（John Mearsheimer）在《強權政治悲劇》一書中曾指出，「每一個強權都想掌控世界，但尚未有一個強權曾經擁有或可能擁有掌控世界的軍事力量，而能成為全球性的霸權者」。
參見：林宗達，〈國際關係攻勢現實主義理論之評析〉，《朝陽人文社會學刊》，第 9 卷第 2 期（2012），頁 82。

能有較大的彈性空間。

貳、新古典現實主義對外因素問題

　　新古典現實主義贊成結構現實主義，認為國家在制定外交政策時主要關注國際體系提供的威嚇與機遇，這塑造著每個國家的政策選擇範圍。由於各國在無政府的國際體系中如果不能適當的保護自己，會讓自己被打敗甚至面對生存本身危在旦夕。[76] 因此，正如珍妮弗・斯特林・福克（Jennifer Sterling-Folker）所描述的，新古典現實主義者共享著一種基於環境的本體論，賦予國家彼此間互動的政治環境以首要地位。不過他們不認為國家必然會像結構現實主義均勢理論所主張的那樣對國際環境變化作出迅速與機械的反應，尤其他們指出了結構現實主義模型的四個重要侷限：領導人對體系的認知和刺激能力、國際環境缺乏明確性、理性問題與動員國內資源的難題。[77] 以下將是這四個問題的說明：

一、認知上的影響

　　國家領導人並不總是正確感知到體系的刺激，國際體系有時會給國家提供相對明確的要求，建立在相對實力分布和增長率差異之上，然而，正如威廉・沃爾福思所說，如果權力影響國際政治過程，那麼它必然在很大程度上要通過代表國家做出決策的那些人的認知。[78] 羅伯特・杰維斯也指出，領導者畢竟也是人，他們

76　劉豐、張晨等譯，諾林・里普斯曼等著，《新古典現實主義—國際政治理論》（上海：上海人民出版社，2017），頁 18。

77　同前註，頁 18–19。

78　同前註，頁 19。

在處理信息、計算相對實力、確定可行的選擇以及評估行動可行的後果等問題上經常犯錯。

任何領導者都會出現這樣的錯誤認知，在對其他國家的意圖、相對實力和自身行為的可能後果存在不完備或是矛盾信息或面臨過多信息時尤其如此。但是，這種錯誤認知也可能是由特定領導人的意象和認知的系統性偏差所導致的，因此，一個國家的國家安全行為可能更多地取決於領導者的個性、信仰與意象，而不是客觀的體系性約束和機遇。在這方面，詹姆斯‧麥卡利斯特（James McAllister）指出，第二次世界大戰剛剛結束時的美國領導人的行為並不像華爾茲對兩極時代的預期，也就是說他們採取了重新武裝西歐國家的外部制衡而非內部制衡，而且他們試圖讓西歐團結起來，而不是依賴美國的權力，因為他們並沒有感知到兩極狀態，而是一旦德國復興就會出現的潛在第三極體系。

沃爾福思認為，美國和蘇聯領導人對相對實力對比認知塑造了冷戰期間超級大國之間關係的性質。如果領導者對體系的約束認知偏離了現實，而且每個領導者的認知有所不同，那麼體系層次的外交政策理論和國際政治理論充其量也是不完備的，因為國家行為的根源較少依賴於外部環境，而多方面是取決於領導者心裡的要素。[79]

二、體系信號的明確性

國際體系並不總是發出關於威嚇與機遇的明確信號，在極端情況下，當國家面臨明確而緊迫的危險時，例如一次迅速且又迫在眉睫的權力轉移，它們很容易發現威嚇及確定如何在時間和資

79　同前註。

源允許的範圍內加以應對。因此，在 1967 年當埃及封鎖帝朗海峽，在以色列邊境動員武裝力量，並要求聯合國維和部隊撤出西奈半島時，以色列領導人非常明確他們面臨迫在眉睫的危險，當時以色列認為先發制人的打擊是適當的。

但是，大多數的情況都不這麼清晰，國際體系帶來的挑戰性質以及合理的應對方案都有很大的不確定性。[80] 比如，19 世紀末的英國領導者不清楚美國實力的增長以及在加勒比海確立的主導地位，到底是對英國的海上霸權構成威脅，是否需要加以抵制還是構成了英國的收縮力量，將海軍力量集中於更具戰略重要性的區域之機遇。尤其是美國在西半球的經濟政策有助於英國經濟目標的實踐。又如，冷戰後中國的崛起到底是需要美國以競爭性方式應對（遏制），還是需要以接觸戰略來緩和中國的強勢行為。如果國際體系在極少的情況下會給國家提供足夠明確的信息，指導他們的政策應對，那麼一系列廣泛的外交政策選擇和國際政治後果必定位於國際政治的結構理論視野之外。[81]

三、決策者的理性問題

新古典現實主義研究者指出，領導者並不總是對體系刺激作出理性反應，即使他們正確地認識到國際體系的威嚇與激勵，他們也有可能遵循次優或非理性的決策程序，導致政策反應與體系指令相違背。因此領導者可能無法確定可供使用的全部選項，或者在他們之間以次優的方式進行選擇，他們也許會陷入優柔寡斷的局面，無法果斷的作出反應，就像芭芭菈・塔奇曼（Barbara

---

80　同前註，頁 20。
81　同前註。

Tuehman）麾下的第一次世界大戰前夕俄國沙皇尼古拉二世那樣，當時他在回應奧地利對塞爾維亞採取行動的各種動員方案表現出搖擺不定的態度。[82]

儘管如此，某些決策者可能難以採取理性行為，因為他們獨特的性情、認知或是各人經驗，這些都會促使一個領導者對理性判斷造成影響。如同德國總理阿道夫・希特勒（Adolf Hitler）由於個人的狂傲自大，使他在主導外交決策上否定了政治與軍事專家的建議，拒絕與他觀點不一致的提議，導致他都採用非理性的決策，例如，希特勒在珍珠港事件後決定對美宣戰，當時並沒有諮詢他的軍事戰略顧問們，也沒有為這樣的一場衝突做好任何適當的準備。由於希特勒的剛愎自用、狂傲自我意識的性向，最後使得德國在二戰時付出了慘痛的代價。當然，此種不理性行為相對於純粹的結構理論而言是有問題的，它要求國家以自動的方式應對國際指令，選擇最合理的政策作為來面對外部環境的回應。[83]

四、動員國家資源的需要

結構現實主義假定國家在功能上是相似的，因為他們都執行同樣的核心職能（維持基本的法律、秩序和對外防禦），像單一理性的行為體那樣行事，以靈活的方式對體系壓力作出最好的回應。結構現實主義的國家安全決策模型假定存在一個完全靈活的國家，能夠正確的是識別體系指令，並且按照國際環境的要求迅速有效的作出反應。這樣的靈活性需要預設政府在制定國家安全政策時不會面臨國內壓力，然而，在實踐中面對國內強大的利益

82　同前註。

83　同前註，頁 20–21。

集團及立法機構和其他場合的社會否決者（Veto players），並非所有國家都有能力按照自身意願實施政策。例如，儘管美國總統富蘭克林・羅斯福（Franklin Roosevelt）在二戰時期，各人傾向給英國和法國提供更大的支持以抵抗納粹德國，但他遭受到美國民眾與國會力量的反對阻撓而無法執行他所要作的事項。[84] 使其無法動員國家資源予以援助。

　　並不是所有國家都能夠自動地獲取執行對外安全政策所需的人力、財政和物質資源。相反的，若是自主性較低的國家必須經常與立法機構、政治掮客和社會團體圍繞所選擇的政策以及所投入的資源展開博弈。因此，麥克爾・巴尼特（Michael Barnett）表明，在 1967 和 1973 年的戰爭期間，埃及和以色列政府不得不圍繞國家能力展開討價還價的動員資源，這也導致他們在隨後的動員中更加依賴強大的國內行為者。所以，一種關於國際政治和國家應對國際體系的本質理論必須能夠根據各國間獨特的決策環境來對它們進行區分。[85]

　　由以上四點說明可明確的看出國家領導者對於信息判斷處理、國際體系所發出的信號、本身的理性作為與國家資源上的運用等，都顯示出國家領導者面對和參與這些事務的重要性，畢竟一個錯誤的選擇將造成國家在處理問題上成為難以為繼或不堪設想的後果，即使是一位高瞻遠矚或有擔當的領導者，在面對上述情況除了能正確有效作出選擇或判斷以外，但是否獲得國內公眾與國會兩者力量的支持其實也考驗著領導者的威信與支持度。

84　同前註，頁 22。

85　同前註。

表 2-1：古典現實主義、新現實主義、新古典現實主義比較

	古典現實主義	新現實主義	新古典現實主義
代表人物	摩根索	華茲	史威勒
理論建構的基礎	人性本惡、貪婪、權力慾望重	客觀國際體系的物質結構（國家間能力分配）	採取雙元論的立場，認為國家能力包括有形與無形兩種資源
對國際關係的認知	自助環境	自助環境	自助環境
權力的詮釋	權力乃是目的並用於界定國家利益	權力只是手段，安全與生存是國家的利益	以權力為基礎，權力是決定國家行動的基礎
權力平衡的解讀	權力平衡是國家試圖維持或推翻現狀所導致的結果	當有兩個或兩個以上的國家在無政府狀態下求生存時便會出現	內部與外部因素相互影響，外交政策受體系所驅動
權力平衡穩定度	多極體系為優	兩極體系為優	無固定狀態

資料來源：援引自譚偉恩〈權力平衡理論研究：現實主義觀點〉，頁136。

第三節　新加坡個案分析探討

　　《新古典現實主義、國家和外交政策》一書認為在國際體系的框架下，國際政治確實受到國際體系的影響，但國家的行為表現則會因為決策者對於國際體系的認知而做出最後決策，此書用意乃試圖打開國家內部的「黑盒子」，藉此檢視國內環境的制約，包括菁英對於威脅的評估、戰略的謀劃、國家利益的認知、

相對權力的計算等。[86] 此書各位作者分別從各種國內因素之角度與方法論差異探討新古典現實主義的變動要素。例如，羅貝爾關注國內因素如何影響國家對結構信號的接收和理解。提出，在無政府狀態的國際體系中，為何每個國家的對外政策有所差異，即使知道了威脅的來源，為了解釋國內因素如何與國際層次產生互動，作者特別提出決策者認知、國家利益、國內政治環境等因素納入新加坡個案研究回顧，強調一個國家的外交政策是受到體系壓力的影響所造成，柏利（Mark R. Brawley）將體系因素納入到以國內因素為關注重點的傳統研究中，也將時間因素和國家將經濟實力轉化成軍事力量的能力，融入於均勢理論，認為國家在採取制衡行為時必須要加以考慮的因素。[87] 以下作者將就新加坡對外政策個案做一探討：

壹、決策者認知與國家利益

作為國家的掌舵者其信仰與意象，這些人估且可定義為外交政策執行者。[88] 外交政策執行者包括總統、首相、獨裁者、關鍵內閣成員、部長及負責實施外交政策與國防政策的顧問。外交政策執行者通常掌握私人信息，壟斷外國的信息情報。所以當尋求解釋外交政策與大戰略調整時，外交政策執行者是最重要、最值得

---

86   許峻賓，〈亞太地區經濟整合的發展：新型大國關係的變數〉（台中：東海大學政治研究所博士論文，2018 年），頁 47。
      或參考：Steven E. Lobell, Norrin M. Ripsman, Jeffrey W. Taliaferro, eds. *Neoclassical Realism, the state, and Foreign Policy.* (Cambridge: Cambridge University Press. 2009) .

87   同前註，頁 47–48。

88   劉豐、張晨等譯，諾林・里普斯曼等著，《新古典現實主義—國際政治理論》（上海：上海人民出版社，2017），頁 60。

關注的行為體。[89] 首先，所有人都擁有理解外部世界，指導他們與外部世界互動的一系列核心價值、信仰與意象，這些「意象」高度個人化，因為他們的形成是基於個人的先前經驗與價值。意象一旦形成，就會產生認知過濾，左右領導人處理信息的方式，以及如何理解信息和事件。[90] 所以，面對國際挑戰與機遇，領導人將基於自己的意象內容產生不同的反應，例如，針對看待前蘇聯衰落乙事，蘇聯總書記米哈伊爾・戈巴契夫（Mikhail Gorbachev）與列昂尼德・勃列茲涅夫（Leconid Brezhnev）展現出不同的思維模式。前者認為國內改革與緩和國際緊張局勢，而後者認為改革是國內衰退和國際冒險行為。[91]

　　然而，在其他認知因素當中，領導人的個性和特徵同樣影響國家對外刺激的應答，例如，丹尼爾・L. 比曼（Daniel L. Byman）和肯尼思・M. 波拉克（Kenneth M. Pollack）認為，一些強勢領導者，像是俾斯麥、希特勒和薩達姆・侯賽因等，對國家

89　同前註。

90　同前註，頁 61。或參考：Robert Jervis, *Perception and Misperception in International Politics* (Princeton, NJ: Princeton University Press, 1976); Yuen Foong Khong, *Analogies at War: Korea, Munich, Dien Bien Phu, and the Vietnam Decisions of 1965* (Princeton, NJ: Princeton University Press, 1992); Deborah Welch Larson, *Origins of Containment: A Psychological Explanation* (Princeton, NJ: Princeton University Press, 1985); Stanley Allen Renshon and Deborah Welch Larson, *Good Judgment in Foreign Policy: Theory and Application* (Lanham, MD: Rowman and Littlefield, 2003); Barbara Farnham, *Roosevelt and the Munich Crisis: A Study of Political Decision-Making* (Princeton, NJ: Princeton University Press, 1997).
劉豐、張晨等譯，諾林・里普斯曼等著，《新古典現實主義—國際政治理論》（上海：上海人民出版社，2017），頁 73。

91　同前註，頁 61。

戰略選擇都具有重要的影響，研究說明，有些領導者容易採取冒險行為，而另一些領導者願意規避風險。[92] 許多新古典現實主義學者使用了認知性中介變量，它影響著領導人對實力對比和預期權力趨勢的評估。新古典現實主義區分了事實或真實的實力分布與精英在不同時間地點意象中的實力對比。比如，威廉・沃爾福思考察了精英對實力的感知作用及其冷戰實期美蘇競賽的影響，鑒於政治精英總體實力的困難，沃爾福斯認為領導者從四個層面來剖析實力的概念：一、「要素性實力」（人們認為實力是什麼）、二、「實力分布」（如何比較其他大國）、三、「實力的作用方式」（實力對比的運行）以及四、「威望」（國家在國際政治中的相對地位和影響力）。[93] 沃爾福斯發現每個國家領導者所凸顯的方式不同，像是前蘇聯領導者強調的是軍事實力，而美國領導者則會突出經濟或組織的運作。其次若以小國來說，在國際生存本就不易，面對講究權力分配的國際體系，如何運用自身的優勢與資源，轉化為最佳的對外利益將考驗小國領導者的智慧與認知。

　　新加坡總理李顯龍 2015 年 11 月於拉惹熱南講座，[94] 清楚的闡明新加坡不願接受小國無外交的命運，希望透過「平衡現實與理

92　同前註。

93　同前註，頁 62。

94　拉惹熱南先生，新加坡開國元勳、前副總理，也是新加坡人民行動黨的創始人之一。先後在吉隆坡維多利亞書院及新加坡來佛士書院受教育，也到過英國修讀法律，二戰之後投身新聞工作，從政前是一名著名的政論家。曾出任第二副總理並在內閣服務近 30 年，新加坡南洋理工大學拉惹熱南國際學院既是以他命名。〈新加坡告別開國元勳—拉惹熱南〉，《大紀元》（2019/02/02 瀏覽），http://www.epochtimes.com/b5/6/3/6/n1245416.htm.

想的對外政策」，奠定新加坡在國際上的地位。[95] 若是新加坡本身發展的好並有所作為，便可增強自己的力量且向前推進。此點符合新古典現實主義所說的，當國家相對權力增加時，對外行動能力也會增強的概念。[96] 並且新古典現實主義認為，一個國家的對外政策除了受到體系驅動以外，國家內部與外部因素也彼此牽動影響著。因此，新古典現實主義在進行外交政策分析前，會納入單元層次的歷史與文化要素，新古典現實主義者認為良好的外交政策會先檢視國際體系對國家行為的效用，因為一個最強的國家性格是在於其所處的國際體系地位。由於結構因素的影響並非都是顯著的，有時偶發因素的現象也是需要值得注意，所以，必須重視權力與外交政策兩者間的利益來發展國家對外行為。[97]

新加坡聯合早報曾經報導，2017 年 7 月 9 日李顯龍在德國漢堡出席 20 國集團峰會（G20）時說，我們不存在任何幻想，處在這個危機四伏的世界裡，有大國也有小國，「新加坡是個小國，我們必須接受這個現實。但同時我們也必須保障我們的利益，並竭力為世界做出貢獻。」[98] 由李顯龍的談話當中可以清楚發現，新加坡的對外生存策略是以「生存發展」為目的，新加坡自己也體認到外在環境的現實，必須以「自助」為先的安全思維及行為核

95　〈談小國不向命運妥協，李顯龍：不願接受小國無外交的命運〉，《新聞天天看》（2019/01/20 瀏覽），https://www.twgreatdaily.com/cat39/node1566693.

96　同前註。

97　許峻賓，〈亞太地區經濟整合的發展：新型大國關係的變數〉（台中：東海大學政治研究所博士論文，2018 年），頁 42。

98　〈談小國不向命運妥協，李顯龍：不願接受小國無外交的命運〉，《新聞天天看》（2019/07/04 瀏覽），https://www.twgreatdaily.com/cat39/node1566693.

心為主軸,這樣才能確保國家的發展與增強本身的實力,使其在與他國來往時受到重視。

因此,在這種情形之下,新加坡自助的唯一方式就是重視傳統的權力「軍事力量」。如同 Waltz 所說,國家利用經濟手段來實現軍事和政治目的,或是利用軍事和政治手段來取得經濟利益。[99] 國防開支都不會帶來任何回報,但對於大多數的國家來說又是不可避免的。[100]

由於新加坡領導人清楚認知到新加坡本身的脆弱性,此種脆弱乃在於國家狹小,缺乏天然資源與內部各種族間的問題,建國初期又有區域兩個伊斯蘭國家「馬來西亞、印尼」環伺。領導者認為,新加坡的政策必須是讓「新加坡的生存符合他國利益,同時與新加坡交往也符合自己國家利益」。因此,在這樣國際環境問題下,軍事力量就成了外交政策的工具,除了維護國家安全之外,新加坡領導人更認為軍事力量乃是這個國家對外合作的本錢。[101]

2011 年,瑞典斯德哥爾摩國際和平研究所(Stockholm International Peace Research Institute,SIPRI)年度報告顯示,2005 至 2010 年,新加坡是世界第七大軍火進口國,若以人均計算,新加坡人均國防預算要高於美國、以色列和科威特等武器國家。[102] 甚至美國著名國防刊物《詹氏防衛》(Jane's defense)報導,新加坡

99　信強譯,Kenneth. Waltz 著,《國際政治理論》(上海:上海人民出版社,2017),頁 100。

100　同前註,頁 113。

101　張國城,〈從現實主義中的權力觀點看新加坡的外交政策〉,《台灣國際研究季刊》,第 9 卷第 1 期(2013),頁 97–99。

102　同前註,頁 98。

2015 年國防軍備總開支將達 230 億美元，與 2010 年相比增加近六成。

　　據《東亞論壇》雜誌網站 2021 年 01 月報導，新加坡武裝部隊因應安全威脅與新冠疫情影響，大力推進軍事改革，同時新加坡積極調整軍事改革思路，聚焦無人自主技術、人工智能技術和立足多區域行動的建設。通過瞄準未來作戰能力，力圖打造一支靈活高效率的軍事力量。新加坡武裝力量爲了未來戰場所需，不僅打造新的武器平台，添購武器裝備，還要建造更大型、更符合實戰的訓練場，進一步強化與美國、澳洲及盟友等國的聯演聯訓，做好實戰的準備。[103]

　　新加坡作為一個小國，首先就必須清楚知道「存在」的用意與目的為何？[104] 其次新加坡的存在對其他國家重要性是什麼？憑藉著什麼使更多國家願意交往？這些除了軍力做為後盾之外，能有更多的機會與其他國家互動，以鞏固自身的外交達到權力平衡，使其能在國際舞台上發揮重要的角色。

　　新加坡的外交政策一向是強調「國家生存」為主要目的，

103　〈新加坡武裝部隊加速改革〉，《人民網》（2021/10/19 瀏覽），http://military.people.com.cn/。

104　新加坡獨立之後，除了實施徵兵制，購置武器強化實力之外，也意識到與他國建立「安全關係」（Safetyr relationship），也是強化權力的方法。因此隨即加入「盎格魯—馬來西亞防衛協定」（Anglo-Malayan Defense Agreement，AMDA），這協定的簽定主要是針對鄰國的威脅，該協定期滿後，新加坡又和英國、澳洲、馬來西亞、新西蘭等國組成五國防務協定（Five-Power Defence Arrangements），該協定可說是為了新加坡生存安全而設計。參見：張國城，〈從現實主義中的權力觀點看新加坡的外交政策〉，《台灣國際研究季刊》，第 9 卷第 1 期（2013），頁 102–103。

這與新加坡本身對所處的環境有很大的關聯，「存在的價值究竟為何」的問題一直是新加坡決策者的思維理念，在這思維之下，軍事力量成為外交決策的工具。除了捍衛國家安全與行動自由以外，新加坡的軍隊更是對外合作的重要本錢，[105] 正如 Waltz 在他的著作中所言：「在國內，政府運用武力是以正義和權利為旗號的，而在國際領域，武力的使用則是為了保衛國家自身及其利益」。[106] 因為新加坡有素質高昂的軍隊的話，這樣就可與他國進行合作。例如，新加坡與美國的年度軍事演習、新加坡與印度的海上軍事演習、與東協國家的軍事演習等，都讓小國的新加坡對外展現了絕佳的軍事武力和在國際的實力。

新加坡前國防部長張志賢曾指出，「新加坡的武裝部隊有能力與我們的東協夥伴和其他國家進行有意義的接觸，能為我們區域合作活動提供有用的能力」。若是沒有這些，新加坡所能發揮的作用就明顯減弱。我們也不會在談判桌上擁有同樣的發言權，如果軍事力量不強，也難以與多邊國家進行合作，進一步為區域作出貢獻。[107] 由上述新加坡前國防部長的談話當中，便可清楚理解新加坡為保有一支強大的國防力量對國家生存與安全維護的重要。

新加坡的對外原則除了發展精悍的軍事力量外，另一原則就是與周邊國家維持友好關係，採取一種「不樹敵」的政策，此政

105　張國城，〈從現實主義中的權力觀點看新加坡的外交政策〉，《台灣國際研究季刊》，第 9 卷第 1 期（2013），頁 98–99。

106　信強譯，Kenneth. Waltz 著，《國際政治理論》（上海：上海人民出版社，2017），頁 119。

107　張國城，〈從現實主義中的權力觀點看新加坡的外交政策〉，《台灣國際研究季刊》，第 9 卷第 1 期（2013），頁 99。

策重點是在與鄰國的馬來西亞、印尼等國家維持並改善關係，這種方式也是出於權力平衡的觀點。[108] 由於整體國際大環境的變化，東協國家近些年來都不斷強化本身的國防武力，雖然新加坡知道區域中的潛在威脅，甚至瞭解到馬來西亞將新加坡視作軍備競賽的對手，但新加坡始終不承認或作評論，其目的就是避免與他國產生敵對造成不必要的衝突和麻煩。

　　國際體系由於缺乏國家至上的權威而導致相互間的不安全，加上體系成員間彼此功能相近，較難透過分工模式形成整合，因此尋求獨立與自主便是為自保做準備的一種自助方式。[109] 由於自助乃國際政治結構中無政府狀態的必然現象，因此每個行為體的主要行為動機，就是要取得一個使自己安全的地位。在現實環境中生存的安全無法依靠他人，而是要自己主動爭取。於是「能力」（capability）這個概念在華茲的理論當中被突顯出來，他說，國家間主要的差異不是功能上的不同，而是能力上的差別。由於各個國家間難以避免相互衝突，於是武力就成為保衛自己最有利的一項工具。[110]

貳、國內政治結構

　　新古典現實主義理論的變量其中涉及到國家結構和國內政治制度，這些因素通常將國家與社會關係具體化。正式制度、組織

108　張國城，〈從現實主義中的權力觀點看新加坡的外交政策〉，《台灣國際研究季刊》，第 9 卷第 1 期（2013），頁 101–102。

109　譚偉恩，〈權力平衡理論之研究—現實主義觀點〉，《國際關係學報》，第 22 期（2006/07），頁 133–134。

110　同前註。

慣例、程序及官僚機構的監督皆有明確規則與章法。[111] 由此決定了哪些人可以參與政策形成，在政策過程哪個階段參考，哪些人是否決者，利用其權力阻礙政策倡議以及重塑政府政策，因此，各國的不同制度結構會對它們應對體系壓力的能力產生重要影響。左右民主國家外交政策的制度性變化還包括：執行者手中權力的集中程度、行政與立法間的關係、政府質量及行政能力等，這些變量會影響國家領導者能否掌握國家能力及國家能否迅速調整和適應外部衝擊或國際實力分布的轉變。[112]

國內政治結構的意義在說明國內政府運用資源的能力，此種運用程度代表國內政府權力的大小，也就是強政府與弱政府之間的區分，從真實的世界上看來，國際結構權力的分布僅能解釋國際政治最終的結果，對於個別國家行為的解釋是欠缺的。因此，國際權力結構分析的觀點尚須考慮政府吸取與主導社會資源的能力。事實上此種觀點常包含於國際關係理論的變項之中，使國內政治結構變項也習慣性的出現於其他政治科學的次要領域當中。[113]

此外，國內政治結構概念亦可比照 Christensen 所提「國家政治權力」的概念，他的定義為「在安全政策倡議之後，政府領導人動員國家能力與物質資源的能力」。Christensen 認為，因為美、中兩國政治家缺乏足夠的「國家政治權力」去做他們想做的，所以他們必須在次領域「與對方衝突」運用國內具民意卻非

111　劉豐、張晨等譯，諾林・里普斯曼等著，《新古典現實主義—國際政治理論》（上海：上海人民出版社，2017），頁 69。

112　同前註，頁 69–70。

113　吳健中，〈中國大陸經濟崛起下的兩岸互動—以胡錦濤時期為例〉（台中：東海大學政治研究所博士論文，2016 年），頁 36–37。

必要的政策，以掩護在主領域「對抗前蘇聯動員」，使用不具民意卻是必要的政策。例如，美國的杜魯門總統在 1947 年和中國的毛澤東在 1958 年雙方都決定圍繞長期戰略動員國家以回應這些變化。然而，在此兩案中，發現和平時期，策略的實施將會須要犧牲民眾，因此領導者在運作策略時將會遭遇困難。此種方式雖不是在國際與國內基礎上獲得滿意，但卻在戰略運用支持上卻是有用。[114]

新古典現實主義提到，國內因素與國外因素都會造成一個國家對外政策的影響，新加坡自建國以來，一向是以政府清廉、社會文明、經濟繁榮、人民幸福、環境優美等為建國福祉，新加坡在對內發展取得重大成就，成為世界上許多國家政治、經濟體制改革效法學習的對象，故又稱作「新加坡經驗」。[115]2004 年，新加坡執政的人民行動黨中央委員會通過決議，由李顯龍出任新的政府總理，作為新加坡歷史上第三任總理，當時就有分析認為他將會繼續延續李光耀時期的政策而非激進的做改革。[116]

在國內政治結構方面，新加坡早已建立一套菁英治國機制，擁有專業技術與多領域的行政團隊，政府決策過程有一定的軌道和程序，在加上李顯龍過去擔任副總理 14 年的經驗，本身也是決策中心的成員之一，因此，對國內政治環境的變化或是國家治理方面亦能做出適當的反應與掌握。新加坡自從建國以來一直是由

---

114 同前註，頁 37–38。

115 〈新加坡模式〉，《百度百科》（2019/06/24 瀏覽），https://baike.baidu.com/item/%E6%96%B0%E5%8A%A0%E5%9D%A1%E6%A8%A1%E5%BC%8。

116 同前註。

人民行動黨執政，以目前政治生態來看要算是貼近主流民意的政黨，更是象徵整個國家的核心力量。[117] 但近幾年來，隨著經濟數據的弱化、貧富不均的影響、移民政策、人口老化等重大問題，都造成對執政的人民行動黨帶來批評的聲浪，也對李顯龍政府執政上形成莫大的考驗。

雖然新加坡是個小國，小國應如何求生存？端看自身面對周遭環境時的選擇，與以色列一樣周圍都是伊斯蘭國家，但不同的是新加坡對外除了盡量左右逢源之外，在國際體系裡也進一步追求權力平衡達到均勢的目的，一方面增強自身軍事力量，另一方面也希望其他勢力進入區域，求得相互平衡的目的藉以保住本身的安全。

小國在外交方面會有什麼樣的取向？這個取向也就是國家在面對周遭環境時所採取的一種行為，是要選擇孤立、中立或是積極參與？若以新加坡為例，由於地理環境特殊，又位處在麻六甲海域出海口，自古就是兵家必爭之地，所以新加坡必須是採取不樹敵政策並盡可能相互友好，與其維持彼此關係。除此之外，也希望讓各方勢力進入東南亞達到相互平衡的目的，藉此確保新加坡的安全。[118]

新加坡總理李顯龍曾在 2017 年與美國前總統特朗普的會面時表示，新加坡希望美國與中國建立良好的關係，這樣有助亞洲與

117　同前註。

118　劉必榮，《國際觀的第一本書》（台北：先覺出版，2014 年 7 月），頁 188。

世界的和平。[119] 李顯龍此舉無非是希望與中美兩國友好發展，同時也讓亞洲各國不用在中美之間選邊站，被兩個強權爭霸遭受波及損害國家利益，影響區域國家間的和諧，當然這也是新加坡的生存之道。[120] 因此權力平衡雖是強權間的博弈，[121] 但能正面發展其實對區域與小國來說也是有所幫助，反之則會造成對區域的危害。

第四節　小結

　　就本章綜合探討後，可以明確定義新古典現實主義在本質上是一種對外政策理論，因為它解釋了國家如何針對國際環境建構政策的反應。然而，隨著時間的轉移，國際體系中主要大國所選擇的政策和戰略的集合；以及這些政策之間的互動對國際結果和體系結構具有深遠的影響，就長期而言，新古典現實主義較能從更廣的角度來解釋國際政治。[122]

119　〈新加坡需要中美友好關係〉，《亞洲週刊》（2019/02/19 瀏覽），http://yzzk.com/cfm/content_archive.cfm?id。

120　同前註。

121　博弈（Game），指在一定的遊戲規則約束下，基於直接相互作用的條件，參與人依其掌握的訊息，選擇各自策略與行動，以實現利益最大化與風險最小化的過程。也就是為了競爭而謀取利益的過程，它是在遊戲中的一種策略，在西方來看，它是一種遵循一定規則的活動，進行活動的人目的是要讓自己能贏，而在與對手競爭過程中如何贏對方，不但是要考慮自己的策略，也要考慮其他人的選擇。通常只要涉及生活或人群的互動也都算是一種博弈。〈何謂博弈〉，《MBA 智庫百科》（2019/02/20 瀏覽），https://wiki.mbalib.com/zh-tw/%E5%8D%9A%E5%BC%88。

122　劉豐、張晨等譯，諾林・里普斯曼等著，《新古典現實主義—國際政治理論》（上海：上海人民出版社，2017），頁 81。

　　由於小國不像大國在國際間擁有較大的權力，因此，國家在制定對外戰略上，就應考慮靈活富有彈性且符合國家利益的策略。個人認為新加坡為求在國際中的生存發展，不斷創造在國際體系中的權力地位，畢竟權力是決定一個國家對外行動的重要基礎。如同新古典現實主義所強調的，外交政策是由決策者制定，決策者對於國際權力的認知，乃是決定國家對外政策的因素，也是攸關國家的生存考量。

　　其次，新加坡由於國內華人比例與中英雙語的優勢，使得在面對中美兩個強國間容易扮演橋樑溝通的角色，避免兩國間的摩擦。也能符合本身的利益提升國家權力和地位。然而，新加坡從獨立建國以來，雖是遭遇各種挑戰，但基於政府領導者的睿智與人民共同的努力，因而國力不斷增長，除了在國際舞台上扮演重要角色，更能與大國交往中維持平衡，不讓自己侷限在固定而無彈性的對外政策上。

第三章

國內政治環境
與推展區域合作

　　本章主要探討新加坡的國內政治環境、推展區域合作上的努力，作者試著從新加坡的國內政治結構（包括決策者的認知、國家發展等）角度切入觀察，以及推展區域合作上、在區域所扮演的角色等幾個方面來分析探討，從具體的研究討論中，透過有關文獻內容、官方資料、新聞媒體等的論述，做更進一步的介紹，以便對新加坡在國內政治發展、推展區域合作上的努力、在區域扮演的角色等有進一步的完整呈現。

第一節　新加坡國內政治環境

　　新加坡這個城市國家，在國際上擁有許多光鮮亮麗的國際形象，像是年輕、便利、廉能、安全與守法等。但提到民主、自由、人權等價值時，新加坡似乎就成了被責難的目標。「自由之家」（Freedom House，2012）評定為「部分自由」國家，在新聞媒體上則是「不自由」。另外在 2011 至 12 年無疆界記者組織（Reporetrs without Boarder，2012）的全球新聞指數報告中，新加坡在總共 179 個國家的排名是 135。[1] 由於人民行動黨（People's Action Party，PAP）長期執政，形成一黨獨大的威權體制，讓外界對於新加坡在國家自由度上的成就有不同的看法。[2] 因為國家的法律嚴峻，也讓世人見識到新加坡現代化的外表下，堅持自己行為準則的固執。

1　紀舜傑，〈新加坡的國家認同－從生存威脅到永續執政的國族建構〉，《台灣國際研究季刊》，第 9 卷第 1 期（2013），頁 60－61。
2　同前註。

　　新加坡的獨立建國可說是特別的，也就是在偶然和無奈下建國。如此獨立的偶然性，帶給新加坡在國家認同上極大的挑戰，因為缺乏「想像共同體」的共同記憶、歷史、奮鬥，新加坡人在英國殖民和加入馬來西亞聯邦時，並沒有本土性民族主義的發展，主要的三大民族，華人、馬來人和印度人皆都來自固有的文明國家，其民族主義歸屬在祖國的較多，新加坡只是一個避難和謀生的地方，因為沒有共同的奮鬥歷史，因此缺乏建構生命共同體的記憶與想像，類似其他國家在建國初期時，習慣塑造的民族英雄也欠缺，所以新加坡人幾乎是沒有共同的過去，只有寄希望在未來。[3]

　　獨立後的新加坡，雖然國土面積狹小，自然資源匱乏，但卻發展成為一個新興已開發的國家，並且是全球最國際化的國家之一。新加坡共和國在金融、服務與航運方面皆居亞洲重要地位，國家的競爭力也都處於世界的前端。[4]就政府結構而言，新加坡共和國只設立中央政府，不另設地方政府。[5]中央各部直接管理全國各項事務，在這種單極政府體制之下，政府既是政策的制定者也

3　同前註，頁62。

4　郭秋慶，〈論人民行動黨與新加坡的一黨優勢之發展〉，《台灣國際研究季刊》，第8卷第4期（2012），頁64。

5　1946年英國頒佈建立馬來亞聯盟創議，1947年英國通過新加坡的「立法會」（legislative Council）選舉法案，以落實有限的自治，該立法會是英國早在1867年設立的，立法會所組成的政府主席由總督擔任，他所任命的官員高度掌控新加坡。待1948年新加坡開啟民主化的進程，舉行有始以來第一次的選舉，由於英國政府管控新加坡選民的投票權，使其新加坡菁英不斷要求能有更多的參政權，時任總督不得不請來林德（Sir George Rendel）制訂憲法，即著名的「林德憲法」。
參見：郭秋慶，〈論人民行動黨與新加坡的一黨優勢之發展〉，《台灣國際研究季刊》，第8卷第4期（2012），頁65–66。

是執行者，以便有利發展高效率的公共行政。另外新加坡最大的政治活動是國會選舉，人民選出的議員不到 100 名，即使開放政治勢力組建政黨，彼此相互競爭較勁，新加坡國會的政黨也不會只有一個，但新加坡人民行動黨在 1959 年獲取政權後，持續的在新加坡執政。至今已是世界政黨政治發展史上，連續執政時間最長的政黨之一。[6] 以下將以新加坡國內政治環境與領導者的認知做進一步說明：

壹、自治政府議會的產生與政治轉變

一、自治政府議會的形成

　　新加坡的出現始於 1819 年英國東印度公司萊佛士（Sir Thomas Stamford Raffles）擁有該島，從此開啟了英國對新加坡的統治。二次大戰後，由總督代表英王統治，新加坡的政治傳承了英國的精神，人民當中特別是在英國受教育者，對西方的民主政治與文化等有所體會，例如，政治自由與科學、技術與理性等。[7]

　　1946 年英國頒布建立馬來亞聯盟創議，新加坡首次在政治上與馬來西亞劃分開來，成為一個單獨的政治實體。[8] 待 1948 年新加坡開啟民主化的進程，舉行有始以來第一次選舉，依照立法會選舉法規定，人民可以自由籌組政黨，參與選舉及投票，不過首次選舉若候選人在選區中獲得選票低於 1/8（12.5%），保證金 500

6　同前註，頁 64。

7　郭秋慶，〈論人民行動黨與新加坡的一黨優勢之發展〉，《台灣國際研究季刊》，第 8 卷第 4 期（2012），頁 65。

8　同前註。

新幣將被沒收，當時只有少部分公民被賦予投票權，也就是永久居民中年滿 21 歲之男女，屬於英籍的公民才有投票權，因此當時合格選民只有 2 萬 2 千多人。[9]

　　由於英國殖民政府強烈控制新加坡選民的投票權，新加坡在此情況下更增加其民主思潮，其後不少新興政黨亦具有此一信念。1955 年 4 月，新加坡舉行憲政改革後的首次大選，計有 8 個政黨投入選舉，也是新加坡歷史上首次出現的激烈競選，登記選民計 30 萬人，投票率達 52.7%，此次議會選舉中，就人民行動黨而言，它對新加坡爾後的政治發展有舉足輕重的地位。[10]

　　1954 年下半年該黨在反殖民主義下，認為擴大群眾支持對政黨發展極為重要，在李光耀擔任秘書長下，聚集了說華語的勞動階層，以及接受英式教育的公會成員，教師、律師等中產階級共同組成，其中左翼派系分別有林有福（Lim Yew Hock）等社會主義人士和林清祥（Lim Chin Siong）等共產黨人士；1954 年 8 月成立的勞工陣線，由馬紹爾（David Marshall）領導，是一個中間偏左的政黨，由三個政黨結盟產生，分別是新加坡馬來人聯合會、勞工黨分裂出的民主勞工黨（Democratic Labor Party）以及新加坡社會黨（Singapore Socialist Party）。另 1955 年 2 月成立的民主黨（Democratic Party），大部分由講華語的資產階級所組成，許多黨員來自中華商業公會，基於理念相近，隔年和新加坡進步黨合併成為自由社會黨（Liberal Socialist Party）。

　　另早在 1950 年 9 月登記的馬華公會，則視馬來亞為新加坡

9　同前註。

10　同前註，頁 66–67。

的「臂膀」，該公會後來改名為新加坡華人黨（Singapore Chinese
Party）。1951 年 12 月早就成立的馬來民族統一機構（又稱巫統）
則和新加坡的馬華公會結盟，從政黨當時獲得席次來看，新加坡
勞工陣線顯然獲勝，但並沒有超過半數，因此它和巫統等政黨組
成聯合政府，由勞工陣線黨主席馬紹爾擔任首席部長，在野的人
民行動黨李光耀秘書長首度在丹絨巴葛區以 77.9% 的選票進入議
會，成為最有力量的反對黨領袖。[11]

　　自 1955 至 1959 馬紹爾所領導的聯合政府，雖然不少民選議
員出任部長，但新加坡仍處於半自治狀態，聯合政府受制於英國
主導，在新加坡各界強烈要求完全自治呼聲下，1956 年 4 月馬紹
爾首席部長率團赴英國談判，由於未獲英國應允，他返國後即辭
去首席部長職務，改由勞工陣線林永福繼任，9 個月後林永福繼續
率團赴英談判，英國答應新加坡成為大英國協的一個內政自主自
治邦，既內政完全由新加坡自治，外交與國防則由英國負責。

　　新加坡自治邦採取英式議會民主，立法議會 51 名議員全部
民選，廢除任命的席次，首席部長改為「總理」，擔任部長會議
的主席，對立法議會負責，並且廢除總督職位，改由新加坡出身
的人士擔任元首，1959 年 5 月新加坡自治邦舉行選舉，此次議會
投票對新加坡公民來說意義重大，總共 13 個政黨參選，總投票數
568,098 票，投票率高達 92.9%，人民行動黨首獲佳績並贏得立法
議會 43 個席次，共獲得 54.1% 選票支持。基於人民行動黨在議會
得到絕對的多數，因此單獨展開執政，李光耀先生從英國殖民政
府手中接下政權出任自治政府的總理，因而開啟了人民行動黨長

11　同前註，頁 67。

期在新加坡政治舞台的執政。[12]

表 3-1：1955 年新加坡立法議會首屆大選

政　黨	候選人	席　次
勞工黨	1	0
人民行動黨	4	3
勞工陣線	17	10
新加坡進步黨	22	4
馬華公會	3	1
民主黨	20	2
新加坡馬來人聯合會	1	1
巫統	1	1
獨立人士	10	3
總計	79	25

資料來源：援引自郭秋慶〈論人民行動黨與新加坡的一黨優勢之發展〉，頁 66。

表 3-2：1959 年（立法議會時期）首屆自治邦選舉結果

政　黨	候選人數	當選席次	得票率 %
人民行動黨	51	43	54.1
人民聯盟	39	4	20.7
自由社會黨	32	0	8.2
華巫聯盟	13	3	5.2
公民黨	5	0	0.6
人民黨	4	0	0.5

12　同前註，頁 68–69。

工人黨	3	0	0.8
勞工陣線	3	0	0.7
巫人協會	3	0	0.5
馬印國大黨	2	0	0.4
加東公會	2	0	0.3
馬華公會	5	0	1.1
獨立人士	39	1	6.8
總計	194	51	100

資料來源：援引自郭秋慶〈論人民行動黨與新加坡的一黨優勢之發展〉，頁 68。

二、政治轉型方式

　　政治轉型方式是一個與政治發展模式緊密相關的問題，就後現代化國家來說，是否發生了政治轉型或是沒有發生政治轉型，是探討政治發展模式的一項重要內容。新加坡是以市場經濟發展而未發生政治轉型，這一特點則引發了學界與政界高度的關注，可說是新加坡發展模式最重要的特點。若從世界現代化的歷程來看，政治轉型方式變化的趨勢基本是由革命走向改良，暴力走向溫和、激進走向漸進的，儘管各國與各地區發展不平衡，現代化進程的時間有很大的差距，但都沒有違背這一趨勢。[13]

　　由於英國殖民當局在世界民族獨立和新加坡民族主義運動的壓力下，採取了和緩與退讓的政策，主動交出了政權，因此新加坡並沒有像其他國家那樣形成民族主義運動與殖民當局的激烈對抗。由於沒有在彼此間造成很深的仇恨與技術上的排斥，這點

13　李路曲，〈論新加坡的政治發展模式〉，《城市觀察》，第 1 期（2011），頁 22。

可從李光耀和人民行動黨在執政後在很大程度上保留了英國政治體制與行政人員，甚至是依靠英國軍隊來維持國家安全，從更深刻的內在影響來看，這可能是民族主義運動中持溫和觀點的李光耀等人執政的重要原因。而工人運動中的激進派反倒是失去了支持，甚至漸漸邊緣化，這在很大程度上決定了日後發展模式。[14]

　　一般來說，發生溫和的權力更替政權，因沒有花費太多的力量來進行外在形式即體制與權力層面的更替，因而更容易關注社會的內在變革。然而這種漸進式的改革往往更容易予人社會內涵變化和思想導引，更容易讓人接受和深化，儘管表現緩慢但卻是實實在在的。[15]當然，這也取決於執政者對於政權的改造和執政方式轉變是否成功，新加坡的情況是李光耀與人民行動黨在執政之初就重視學習和借鏡英國殖民當局先進的治理經驗，這也為建立優良的行政制度奠定了基礎。實際上英國在新加坡建立的統治和文官系統，並不缺乏現代性，相對於傳統的新加坡社會來說，它是一種更為先進或更現代的組織系統。因此，推翻殖民統治，建立新的民族國家，同時又充分吸取具有現代性殖民當局治理的經驗，就成了新加坡符合實際的最佳選擇。[16]從政治制度上看，新加坡自治後在三個方面基本保留和發展英國人在此建立的政治制度：[17]

　　　1. 文官體制：1959 年剛擔任自治政府總理的李光耀，就認
　　　　識到，英國人建立的公共行政系統已具有很強的現代性

14　同前註，頁 23。

15　同前註。

16　同前註。

17　同前註，頁 24。

功能，因此在對其進行適度的民族化履行基礎上基本保留此一行政系統乃明智之舉，由於這一制度的保留，使新加坡沒有發生現代化治理的斷裂。然而，由外來民族建立的殖民制度很難與當地民族融合，無法形成統一的民族國家和真正的政治共同體，但這些也是現代化起飛的基本要件。因此，推翻殖民統治，建立新的民族國家，有著最根本的合理性，新加坡正是將這種根本的合理性與行政系統的現代性恰當的結合起來，為自己的現代化和國家治理創造了良好的條件。

2. 多黨制與民主選舉：新加坡從 1959 年至今實行的是一黨為主的政黨體制和威權主義政治體制，是由人民行動黨長期執政，其他政黨則是長期在野，不過反對黨在大選中有激烈的競選，也可通過其議員在國會中發表不同政見，透過媒體報導使其對執政黨構成壓力，而且這種競爭性的民主還在緩慢而有序的發展，這在後發展國家中所經歷的威權主義時期是十分少見的。新加坡政治體制的一個重要特點是她在「威權主義體制內把民主發展到一個較高的程度」，威權主義與多元民主制度的適度結合使其擁有較大的適應性。這與在轉型前很多國家的政治體制比較僵硬不同，在其他威權主義僵硬的國家不能容納與同化不同意見和力量，使得社會矛盾越來越激化，因此在反對力量強大後，就不得不以政權的更替或體制的轉型來相互適應。當然，除了其一黨體制下的民主程度較高外，其行政效率高、政治體制運轉良好，也是政治和社會穩定的重要原因，因為它可以化解許多經濟、社會與政治間的矛盾，同時也是保證政治體制（無論是威權或民主）運作的基本前提與機制。

3. 法律制度的有效性和現代性：新加坡的法律體系和法治社

會的建立很大程度上是通過借鏡英國的法律制度，並從自己的國情出發來實踐的，對此，李光耀 1962 年在馬來亞大學演講時曾有一番解釋，「英國殖民地制度是講究實效的，它的法律制度雖然應用英國議會的服飾與一些形式，但是它的內容確能夠適應本地環境的要求」。因此，新加坡一直延用英國在新加坡建立的法律制度，並根據自己的國情進行了修改，例如，適時適度的推展嚴格執法的程度。尤其是李光耀從英國拿到律師資格，使他對英國的法律有更深的理解，所以執政後，一開始就依法執政，推行法治社會的建設，使新加坡具有現代性的法律並且能得到有效的執行，由此可見，英國法律和司法制度對建構新加坡法治社會的影響。

　　從以上三點可得知新加坡保留了英國所遺留的體制，為日後她在國內政治與社會發展上所奠定的良好基礎。另外，從文化上看，新加坡一個重要來源是華人帶來的「儒家文化」，這也是她的傳統文化，另一個則是英國文化，英國在新加坡進行了 140 多年的統治，同時它也是新加坡殖民地的創建者，在英國的主導下多數華人移居至此，所以英國文化對新加坡社會尤其是上層社會的影響極為深刻。

　　然而新加坡卻與大多數新興國家有所不同，她從一開始就實施了全方位的開放政策，並與前殖民者保持密切的關係，不僅國防依靠英國，而且還保持與世界市場的聯繫，毫不間斷的引進西方商品、機器與科學技術、現代管理方式及價值觀念，這些都對新加坡社會形成巨大衝擊。[18]

18　同前註，頁 26。

貳、領導者的認知與國家發展

一、建國初期

對新加坡來說，維護海上安全有比任何事都來重要，[19] 畢竟新加坡四周環海，若是無法取得海上安全維護，國家安全將受其影響，因為新加坡一向給世人國家治理上的良好印象，因此贏得國際對她的好評，正因為如此，幾次重大國際會談新加坡皆成功扮演被信任的中間者角色。[20] 另外，政權穩定、治安嚴格、環境優良等，加上新加坡政府的高度重視，使得她在維護國家安全上帶來一種保障並深得國際的信賴，也讓各國領袖與國際重大活動都將新加坡列為首選。

談起新加坡的歷史，新加坡開埠於 19 世紀初，這一切都應歸功於「托瑪斯・史丹福・萊弗士爵士」（Sir Thomas Stamford Raffles），當時大英帝國正在東南亞尋找一個港口，以作為商船隊的據點，同時藉以遏制荷蘭勢力擴張。所以，新加坡當時已是東南亞麻六甲海峽極具發展潛力的海上貿易站，且擁有天然的地緣優勢，是具有一個理想發展的選擇。[21] 新加坡的獨立建國不像一

19　RADM Chew Men Leong, "Navies and Maritime Security-A Republic of Singapore Navy Perspective", *Pointer Journals*, Vol.33, No.3 (2007), p.6.
　　原文內容："It is therefore not surprising that keeping sea lans safe and secured has taken on greater importance and has come into sharper focus."

20　〈新加坡為何深得兩岸信任〉，《台灣中評網》（2019/02/27 瀏覽），http://www.crntt.tw/doc/1039/9/7/2/103997280.html?coluid=。

21　參見：〈關於新加坡歷史—Visit Singapore〉，https://www.visitsingapore.com.cn/travel-guide-tips/about-singapore/。

些國家拋頭顱、灑熱血所換來的國家，如此的獨立建國除帶給新加坡在國家認同上極大的挑戰外，[22] 因缺乏「想像共同體」的共同記憶、歷史與奮鬥，加上建國之初內外情勢均十分嚴峻，除了生存威脅，獨立後的新加坡所面臨的如同李光耀所言，新加坡獨立所面對的三項危機，一是世界各國對新加坡的承認，二是如何保衛自己的國土和防止馬來激進派攻擊新加坡，三是經濟發展的問題。[23]

　　如何生存是新加坡在 1965 年獨立後最重要的議題，在這過程當中，李光耀不斷強調「新加坡的脆弱性」，李光耀說，新加坡是一個第一世界中的國家，卻將永遠保持脆弱，就像一棟蓋在軟泥地上的高樓」。[24] 新加坡的脆弱性除了來自沒有天然資源，甚至水源都還依靠鄰國馬來西亞及多元種族建構的現實因素外。[25] 這些因素對於一個剛獨立的國家來說，眼前充滿的挑戰皆考驗著領導者的智慧與勇氣。

　　在一個多民族的國家，不能以原生論的種族背景建構國家認同（ethnic nationalism）選擇公民民族主義（civic nationalism），是較合理的途徑，因為種族民族主義具有強烈的排他性，容易引

22　紀舜傑，〈新加坡的國家認同—從生存威脅到永續執政的國族建構〉，《台灣國際研究季刊》，第 9 卷第 1 期（2013），頁 61－62。

23　同前註，頁 62。

24　范盛保，〈李光耀的新加坡—意外的國家與絕對的生存〉，《台灣國際研究季刊》，第 13 卷第 4 期（2017），頁 48。

25　同前註。

起種族衝突。[26] 而公民民族主義則是國家由公民主動參與，[27] 產生全民意志而取得法統（Political legitimacy）的民族主義型式，以新加坡建國初期而言，種族民族主義會形成內外衝突威脅，原因是完全以華人主導建構的國家認同，不但會引起國內馬來人與印度人間的不滿，在區域政治上出於國際政治與區域安全考量，新加坡不能成為第三個中國，也不能在伊斯蘭教國家環伺下，建立一個以華人為主要象徵的國家。所以必須推行多種族政策，以穩定種族關係及國內安定，另外，也是在區域尋求安身立命的重要關鍵。[28]

因此，在這樣的種族關係基礎下，新加坡政府利用多項政策開展國家建設和國家認同的建構，例如，推動英語教育及官方地位，甚至是建立以英語為主的社會，主要目的就是彰顯國家不偏袒各種族的中立性立場，有利於各族群間的平等發展，另外也可透過英語提供各族群彼此間的溝通平台，達到相互的交流，再者，利用英語吸收西方國家的先進知識、科學與技術，建構一個國際性都市，有利於國家經濟發展。[29]

26　紀舜傑，〈新加坡的國家認同－從生存威脅到永續執政的國族建構〉，《台灣國際研究季刊》，第 9 卷第 1 期（2013），頁 62。

27　「公民民族主義」來自理性主義與自由主義的傳統，公民民族主義界定民族為：一個成員間彼此認同自己同屬於一個國家，並且彼此平等共享政治權力，而且支持相似的政治程序人民團體。根據公民民族主義的原則，民族的基礎並不在於每個成員有共同的種族或族群上的祖先，民族反而是一個核心認同並非族群或種族的政治實體。參閱：〈公民民族主義〉，《維基百科》（2019/12/08 瀏覽），https://zh.wikipedia.org/wiki。

28　同前註，頁 62–63。

29　同前註。頁 63。

　　獨立後新加坡的經濟發展，可說是發展中國家的佼佼者，李光耀領導的人民行動黨成功的以經濟發展和有效治理，深化其統治的正當性（performance legitimacy）。[30] 然而追求西方式現代化國家的結果，西方文化漸漸深入新加坡人生活中，包括了食衣住行等文化影響，當然也包括了西方的政治制度與文化薰陶。這是李光耀領導的執政黨統治正當性的轉移，之前國家意識建立在為追求新加坡的富庶，所有國民必須團結愛國，和諧相處是最根本的發展條件，人民行動黨聯結黨與國的結合，人民行動黨是創造福祉的政黨，也是唯一可信賴的政黨，為了鞏固領導地位，表面上就藉以凸顯西方價值的負面，例如物質主義與個人主義，藉以提出華人固有的亞洲價值，面對全球民主化的浪潮，李光耀大聲的提倡「好政府比民主人權更重要」的口號，好政府就該以經濟發展為優先，另外，他的施政管理風格，可以以新加坡魚尾獅身作隱喻，因為獅為百獸之王，象徵著在政治上言出必行的強硬手段；魚為靈巧之物，象徵著行動中適時而變的務實態度，兩者間的結合，正體現出新加坡的治國管理之道。[31]

二、李顯龍時期

　　作為一位國家領導者，也是外交政策的執行者，包括總統、首相、相關內閣成員、部長、負責執行外交政策與國防政策的顧問，都對國家施政有著重大影響。尤其外交政策執行者通常掌握國內外重要訊息與情報，因此，當尋求解釋外交政策與大戰略調

30　紀舜傑，〈新加坡的國家認同－從生存威脅到永續執政的國族建構〉，《台灣國際研究季刊》，第 9 卷第 1 期（2013），頁 65。

31　同前註，頁 65–66。

整時，外交政策執行者是最重要、最值得關注的行為體。[32]

　　領導人的意象至關重要，因為，意象的產生會對領導者處理信息上帶來影響，這些意象高度個人化，原因是它們的形成是基於個人的先前經驗與價值。此外，從某種程度上講，它們代表了核心信仰，而且並不容易被輕易改變。[33] 意象一但形成，就會產生認知過濾，左右領導者處理信息的方式，他們關注那些訊息、忽略那些訊息，以及如何理解信息和事件，所以，當面對國際問題時領導人通常會以自己的意像內容產生不同的反應。[34]

　　2004 年 8 月 12 日宣誓成為新加坡第三任總理時，李顯龍與當時見證儀式的丹戎總統都強調，那不只是領導人的交接，也是世代的交替。[35] 李顯龍帶領的是新加坡獨立後出生、和平時期成長的一代，自然而然對國家領導者有著不同的期許。李顯龍就任後在新加坡首次國慶大會中指出，「要取得成功就必須在延續和改變、求變之間取得平衡」，即保留制度裡優良和可行的有效部分，除去不合時宜的部分，以處理新的問題和發展新的優勢。李光耀公共政策學院院長馬凱碩教授說：「李顯龍能以高智慧施展必要的政策改變。」回顧李顯龍主政時期，學者專家均認為，新加坡政治社會景觀不斷變化，不僅人民

32　劉豐、張晨等譯，諾林‧里普斯曼等著，《新古典現實主義—國際政治理論》（上海：上海人民出版社，2017），頁 60。

33　同前註，頁 60–61。

34　同前註，頁 61。

35　〈李顯龍掌政十年—高智慧施展政策改變〉，《中國報》（2019/08/31瀏覽），http://www.chinapress.com.my/20140812/%E6%9D%8E%E9%A1%AF%E9%BE%8D%E6%8E%8C%E6%94%BF%E5%B9%B4%E9%AB%98%E6%99%BA%E6%85%A。

教育水平更高，更勇於發表意見，大家對生活的追求也都超越物質，轉而重視社會公正、平等和更廣的幸福感等價值觀，另外，社交媒體使用的日益普遍背景下，李顯龍展現自身獨特的領導方式。[36]

　　新加坡巡迴大使陳慶珠指出，李顯龍擔任總理以來，除了有自己的風格，也很受新加坡人民的擁戴，個性堅定而富有同情心，經常會利用臉書（facebook）或推特（twitter）等社群網站與年輕人建立聯繫，但他也有強硬的一面，會起訴毀謗他的人。除此之外，李顯龍也非常願意聆聽，修改不受歡迎的政策，他非常清楚國家要朝哪個方向前進。[37]

　　至於雙邊關係方面，李顯龍上任之初就先後訪問了汶萊與馬來西亞兩國，釋放出他的對外政策是以持續性和穩定性為主。新加坡管理大學副教授陳慶文說，李顯龍非常重視新馬兩國的關係，除了與馬國多位政要私交深厚以外，並突破兩國膠著多年的課題，讓新馬兩國持續朝向穩健發展的道路前進。[38] 李顯龍除重視區域周邊國家關係外，同時也深化與中國、美國、日本、印度等大國的關係，具體成果包含了新中兩國在 2008 年簽訂的自貿協定、新美在 2005 年簽訂的安全戰略框架協定、與日本 2006 年更新的經濟夥伴關係協定，以及新印在 2005 年簽訂的全面經濟合作協定，由這些與各國所簽的協定便可看出李顯龍在對外政策的用心與積極。[39]

36　同前註。
37　同前註。
38　同前註。
39　同前註。

　　新加坡外交官員說道，李顯龍每回出國都能與各國領導人深入交流，這些全因他各人的智慧、國際觀及對世界的洞察力，李顯龍主政初期，許多人都將他的領導風格與他的父親李光耀作比較，但就李顯龍 2006 年底接受美國新聞網（CNN）專訪時，對於他是否受父親影響的問題做回答，他說，「我從不會花時間去思索我的風格」，應該是我做的事我就盡力去做，我與我的父親是完全不一樣的人，我們生活在不一樣的時代，現在這個時代的人在安定與繁榮中成長，他們希望改善生活，參與新加坡的改造工程，我會與他們一起並肩作戰及同進退，由李顯龍這些訪談當中，說明李顯龍已發展出各人領導風格，並且李顯龍在吳作棟總理協商式治理基礎上，進一步將人民擺在政策的中心。[40]

表 3-3　新加坡於國際舉辦之重大活動（針對特殊意涵）

時　　間	活　動　名　稱	地　　點
1993.04.27	第一次辜汪會談	新加坡海皇大廈
2015.11.07	兩岸領導人會面（馬習會）	新加坡香格里拉酒店
2018.06.12	美國與北韓領導人峰會（川金會）	新加坡嘉佩樂酒店
每年 6 月	香格里拉（Shangri-La）戰略會談	新加坡香格里拉酒店
兩年一次	世界城市高峰會（WCS） 2008 年起每兩年舉辦一次。	新加坡濱海灣酒店

資料來源：作者自行整理繪製

40　同前註。

第二節　新加坡在推動區域合作上的努力

所謂「區域主義」，傳統上乃指由鄰近國家所進行的一種「國家間合作關係」，[41] 新加坡因地理環境的特殊又是東協組織、東亞高峰會、亞太經和會的成員國，獨立以來除了採取睦鄰政策之外，在推動區域合作方面也是不遺餘力，總理李顯龍在第 32 屆東協峰會時表示：「只有團結堅強區域組織，才能在地區舞台上享有重要地位。」[42] 可見新加坡在推動區域合作上的用心與企圖。

Hedley Bull 在他所著無政府社會世界政治秩序研究（The Anarchical Society a study of Order in World Politics）一書中提到，人們在社會生活中所尋求的秩序，並不是個人或集團相互關係中所呈現出來的格局或規律性，而是導致某種特定結果的格局，一種旨在實現特定目標或價值的社會生活安排。[43] 國際秩序就是追求國家社會或是國際社會的基本或主要目標的行為格局，[44] 國際關係存在的前提是國家的存在，一方面國家對其領土與國民享有內部主權，另一方面國家則享有外部主權，也就是說任何國家都不凌駕於其他國家之上，但是獨立於其他國家之外。[45]

然而當國與國之間正常性的交往，而且它們之間的互動足以

41　蔡東杰，《東亞區域發展》（台北：五南出版社，2007 年 1 月），頁 188。

42　〈新加坡：東盟團結以凸顯地緣角色〉，《曼谷專欄》（2019/03/01 瀏覽），http://trad.cn.rfi.fr/%E6%94%BF%E6%B2%BB/2018098%

43　Hedley, Bull, *The Anarchical Society a Study of Order in World politics* (Beijing: Beijing University Press, 2007), p.3.

44　Ibrd., p.8.

45　Ibrd.

影響彼此的行為時，就可說它們構成一個體系。國家間的互動可能是直接的，比如兩個國家互為鄰居，或兩個國家互為競爭者，還是共同事業中的夥伴。由於國家與國家間共同處於一個關係鏈（chain of links among states）中而相互影響，由於國家間的互動關係，國際體系因此而得以界定，彼此所產生的行為方式可能是「合作」（Cooperation）。[46]

　　黑格特（Higgot）認為，亞太地區在制度化經濟和政治整合的途徑上與歐盟不同。依照主權分析來看，歐洲人朝向「共有主權」（Pooled sovereignty），而亞洲人則試圖透過市場導向的區域整合來增進主權。50 多年前，學者維納（Viner）就曾指出：「經濟學家宣稱已發現經濟區域這個概念很實用，但並非說他們已成功地發現一個定義，有助於決定是否兩個或甚多的領域均在相同的經濟區內」。[47]

　　自從冷戰結束，1990 年代，區域主義已成為政策制定者、企業領導人及學術界研究討論的興趣，北美自由貿易協定（North American Free Trade Agreement，NAFTA）的訂立、歐洲聯盟「歐盟」（European Union，EU）的整合、亞太經濟合作會議（Asia-Pacific Economic Co-operation，APEC）及東南亞國家協會（ASEAN）等，這些都成為廣泛的討論與對區域主義所形成的效果進行研究。[48] 以下將透過幾個東南亞區域組織及新加坡在推動上的努力做分析：

46　Ibrd., pp.9–10.

47　宋興洲，〈區域主義與東亞經濟合作〉，《政治科學論叢》，第 24 期（2005/06），頁 4–5。

48　同前註，頁 2。

壹、東南亞國家協會

　　東南亞國家協會（The Association of Southeast Asian Nations，ASEAN）簡稱「東協」，於 1967 年 8 月 8 日在泰國曼谷成立，五個創始會員國分別為新加坡、印尼、菲律賓、泰國與馬來西亞。[49]汶萊則是於 1984 年 1 月 8 日加入，越南 1995 年 7 月 28 日加入，寮國與緬甸分別於 1997 年 7 月 23 日加入，柬埔寨 1999 年 4 月 30日加入，各國分別加入後形成了現有東協 10 國。[50] 根據 1967 年東協五國簽署的宣言（ASEAN Declaration），目標與宗旨在於：[51]

　　1. 加速該地區的經濟成長、社會進步與文化發展。

　　2. 尊重該地區各國的法律規範。

　　3. 在固守聯合國的憲章原則下，促進該區域的和平及穩定。

　　1976 年東協會員國在印尼峇里島舉辦首屆東協高峰會（The First ASEAN Summit），會中並簽署《東南亞友好合作條約》，再一次確立了東協各國間的基本原則，項目包括：[52]

　　1. 相互尊重彼此間的獨立、主權、平等、領土完整性和國家認同。

　　2. 各國擁有免於其國家實體遭受外力干涉、顛覆或併吞的權力。

　　3. 各國不得干涉其他國家的內政。

　　4. 各國須以和平的方式解決意見和爭端。

49　〈東協發展簡介〉，《台灣東南亞國家協會研究中心》（2019/03/03瀏覽），http://www.aseancenter.org.tw/ASEANintro.aspx

50　同前註。

51　同前註。

52　同前註。

5.彼此間相互有效的合作並不得採取威脅或動武手段。

　　東南亞國家協會的成立已成為區域中以經濟合作為基礎的政治、經濟、安全一致性的合作組織，並建立起一系列的多邊合作機制。此協會之目的乃本著對等與合作之精神共同促進地區經濟增長、社會進步與文化的發展。[53] 歐盟與東協是目前國際環境中最具規模的兩大區域實體，區域主義從定義中解釋也包含了兩種意義：一方面被視為經濟活動的流動的集中，一方面也代表表著外交政策的協調。[54]

　　新加坡身為東協創始會員國之一，在推動區域合作方面一直秉持主動積極、友善合作的觀念，其目的是希望透過推動區域合作的方式，達到經濟增長與區域國家間的互動。除此之外，東協自由貿易區、東協區域論壇的概念，就是在新加坡萌芽的，前總理吳作棟甚至率先提出亞歐會議（ASEM）的構想，來促進區域間的繁榮與進步。以下將就東協組織機制做一簡介：[55]

1. 東協主席（ASEAN Chair）：東協主席由各國依所屬國家名字字母順序輪流擔任。

2. 東協高峰會（ASSEAN Summit）：東協高峰會為東協最高決策之機關，由各國領袖組成。各會員國就經濟、文

53　〈東南亞國家聯盟〉，《百度百科》（2019/03/04 瀏覽），https://baike.baidu.com/item/%E4%B8%9C%E5%8D%97%E4%BA%9A%E5%9B%BD%E5%AE%B6%E8%81%94%E7%9B%9F/1059562?fromtitle=%E4%B8%9C%E7%9B%9F%E6%88%90%E5%91%98%E5%9B%BD&fromid=2671157。

54　宋興洲，〈區域主義與東亞經濟合作〉，《政治科學論叢》，第24期（2005/06），頁6。

55　〈東協發展簡介〉，《台灣東南亞國家協會研究中心》（2019/03/06瀏覽），http://www.aseancenter.org.tw/ASEANintro.aspx。

化等方面議題進行討論，並經常邀集區域鄰近國家參與以達到相互交流之目的。

3. 東協秘書處（ASEAN Secretariat）：東協秘書處是由東協各國外交部長通過於 1976 年 2 月成立，目前位於印尼首都雅加達（Jakarta）。

4. 東協非正式高峰會：（ASEAN Informal Summit）：東協非正式高峰會之舉辦於 1996 年 11 月 30 日在印尼雅加達首度召開，雖名為非正式，但會議的結果及討論亦非常重要。

　　根據東協的憲章，其組織的輪值主席以成員國英文名作為輪值順序，擔任主席的成員國須主持東協高峰會、東亞高峰會等，並主導理事會與各委員會的運作。第 33 屆東南亞國家協會峰會暨系列峰會就在新加坡國際會展中心舉行，新加坡除了派出 1600 位軍警維安外，也出動戰機、軍艦因應突發狀況。並以「韌性團結、求新求變」為主題向區域與會各國宣示，總理李顯龍也呼籲在多邊主義受到威脅的時候，東南亞國家間應加強整合，東協具有龐大的潛力，要充分瞭解是否變得更具一體化，在多邊主義遭受到政治壓力磨損的環境裡，堅定的朝目標努力。他表示：「我們的市場越是整合開放，法令與環境越是有利外國投資，餅做得越大，收益就越多。」[56]

　　新加坡分別在 1992、2000，及 2007 年擔任過東協輪值主席，在 2018 年第四次擔任輪值主席之際，新加坡積極與其他成員國緊密合作以促進創新，並加強數位連結與電子商務，期望透過這些方法幫助東協成員國的中小型企業發展。為了達成進一步的目

56　〈東協峰會新加坡登場，李顯龍：多邊主義受威脅時，東南亞應加強整合〉，《關鍵評論》（2019/03/05 瀏覽），https://asean.thenewslens.com/article/108005。

標，新加坡將改善東協貿易制度，例如調整商務條款以降低貿易門檻、計畫降低貿易行政成本以求更有效的貿易往來，期望能達到促進電子商務貿易的流通，加強區域國家間的便捷性。[57] 從新加坡對區域組織的推展與李顯龍在東協國家的談話中，明顯看出新加坡在推動區域整合上的信心與決心。

表 3-4　東協 2016 年六大潛力市場收支概況

國　家	人口（千人）	平均家戶收入（美元）	家戶總支出（億美元）
新加坡	5,696.5	83,877.7	1,073.3
馬來西亞	30,751.6	19,756.6	1,708.2
泰國	68,146.6	7,768.1	2,234.0
印尼	260,581.1	8,435.9	5,358.4
菲律賓	102,250.1	6,744.1	2,208.4
越南	94,44.2	3,697.4	1,058.2
六國總和	561,870	130,280	1,3640.1

資料來源：整理自柯至嫻，〈東協零售市場消費概況與商機〉，頁 7。

貳、東亞高峰會

　　東亞峰會（East Asia Summit，EAS）的概念最早由馬來西亞前總理馬哈迪於 2000 年提出。2002 年第六次十加三領導人會議通過《東亞研究小組》最終會議報告，在東協推動下，首屆東亞峰會於 2005 年 12 月 14 日在馬來西亞吉隆坡市舉行，東亞峰會正式

57　同前註。

啟動。[58] 東亞峰會是年度領導人會議重要機制，由東協輪值主席國主辦與主持，主要透過各國外長、高級官員的會晤就峰會合作、未來發展等交換意見，置重點於能源、金融、教育、公共衛生、災害管理等項目，作為首要內容，現有 18 個參與國，包括東協 10 國（新加坡、汶萊、柬埔寨、印尼、老沃、馬來西亞、緬甸、菲律賓、泰國、越南），中國、日本、韓國、印度、澳大利亞和新西蘭是初始會員，俄羅斯與美國則是 2010 年 10 月第五屆東亞峰會上加入。[59]

　　第 13 屆東亞峰會由新加坡主辦，2018 年 11 月 15 日新加坡總理李顯龍出席峰會時表示，新加坡有信心東亞峰會在各參與國的持續支持下，將會不斷發展茁壯，並在開放包容和以東協為中心的區域架構中，扮演推動至為重要的角色。[60] 東亞峰會要成為維持區域和平、穩定與繁榮的重要平台。[61] 雖然眼前有許多的問題須處理，也有許多的挑戰，包括恐怖主義、極端氣候問題、資訊安全、數位經濟發展、核能安全等諸多要項，這些皆須要區域各國的參與和因應。此次峰會在主辦國新加坡的推動上也做了五項聲明，包括：[62]

58　〈東亞峰會〉，《人民網》（2019/03/01 瀏覽），http://politics.people.com.cn/BIG5/n/2015/1116/c1001-27819220.html。

59　同前註。

60　〈新加坡總理李顯龍表示，東亞峰會可在區域扮演重要角色〉，《台灣經貿網》（2019/03/06 瀏覽），https://info.taiwantrade.com/biznews83%E5%8F%AF%E5%9C%A8%E5%8D%80%E5%9F%9F%E6。

61　同前註。

62　〈新加坡總理李顯龍表示，東亞峰會可在區域扮演重要角色〉，《台灣經貿網》（2019/09/26 瀏覽），https://info.taiwantrade.com/biznews83%E5%8F%AF%E5%9C%A8%E5%8D%80%E5%9F%9F%E6。

1. 深化新加坡所提議的 ICT 與數字經濟安全合作。
2. 重申對東協智慧程式網路 ASCN 的支持。
3. 打擊外國恐怖主義戰士及回歸戰士。
4. 安全可靠的使用、儲存和運輸核原料及其他物質。
5. 因應海洋塑膠碎片。

東亞地區特殊的海洋與大陸相對地緣關係，二次大戰以後，形成了海洋（以美日為首的資本主義國家）與大陸（蘇聯、中共為首的社會主義國家），表現了政治、軍事與經濟的衝突對抗，[63]但隨著冷戰的告終，區域間的政治經濟與社會交流互動頻繁，彼此的經貿互賴深化，東亞地區市場經濟的整合或區域化現象日益明顯。[64] 由其在經過 1997 年亞洲金融風暴衝擊之後，東亞地區掀起新一坡的區域主義，體認到只有建立東亞的整體力量及實現東亞區域經濟合作，才能在未來世界經濟格局中占有一席之地。[65] 然而新加坡身為區域的核心，以東亞國家來說，她的各項表現都堪稱耀眼，雖然在面對中國、美國、日本與俄羅斯等東亞大國，她只一個小國，但在推動區域合作方面卻能展現跟大國一樣的氣度與眼光，致力於對區域的努力和推動。

參、東協部長會議

1999 年 7 月 23 至 24 日在新加坡所召開的第 32 屆部長會議中，在公報內「區域功能性合作」（Asean Functional Cooperation）中強調，東協目前有相當的迫切性來增加其內部的

63　吳鵬翼，〈東亞區域主義發展與中國的角色〉，《龍華科技大學學報》，第 33 期（2013/06），頁 94。

64　同前註。

65　同前註。

能力，以便處理海盜在區域內的掠奪與影響。東協國家必須有決心確實執行與中華人民共和國於金邊（2002 年 11 月 4 日）所簽訂的對於非傳統議題的相關規定，並且向外擴展，尋求各項協助。[66]作者就幾項東南亞非傳統安全議題（海盜）方面觀察提出看法：

1. 東協的政治與經濟實力相較其他亞洲國家而言，像是日本、台灣、南韓等較為不足，在面對海盜問題的同時，需借助於他國的力量。
2. 東協國家分布面積廣大，所佔之海域寬廣狹長，在相互整合與統籌上面不易達成共識。
3. 東協國家借助於他國之影響力，可以藉此平衡區域內部的權力，相互團結不至於受某些大國的影響。
4. 藉由跨國性的合作，方能達到自身軍事防禦不足的彌補，又能在對外方面具有相互協調窗口，同時也對海盜產生威嚇。

針對海盜問題，新加坡持續強化與美國的情報及司法互助合作，並更新「新加坡貨幣局反恐法」，以阻斷恐怖組織獲得資金來源，其次也強化海上安全措施，並與馬來西亞、印尼等鄰國全天候的加強巡邏東南亞海域。[67]為了打擊東南亞區域海盜的決心，2011 年 6 月 14 日，新加坡、美國、馬來西亞、泰國、印尼、菲律賓、汶萊等國家，首度攜手在麻六甲海峽等海域，舉行聯合大規模的海上軍事演習。這場名為「東南亞合作與訓練」的演習，為期將近十天，地點包括了東南亞地區的麻六甲海峽及周圍海域、

66　蔡維心，〈東南亞航道安全之研究〉（高雄：中山大學政治學研究所碩士論文，2006 年），頁 63。

67　謝福進，〈近期亞洲地區恐怖主義活動及對區域情勢影響之探討〉，《中央警察大學恐怖主義研究中心》，（2005/05），頁 8。

參與的艦隊針對海上恐怖活動、海上威脅、跨國犯罪展開演練，包括訊息的交流、協同監視與跟蹤等。[68]

此項軍事演習原為美國倡議發起的「東南亞反恐合作」，將由原本以海上反恐為主的演習，漸漸的擴散到打擊海盜、跨國犯罪、走私等方面。此次「東南亞合作與訓練」的演習是安排在東南亞地區的海上交通要道實施，目的就是在保障對這些航道的控制與安全，提高區域的協同信息共享的能力。[69]由於「聯合國海洋法公約」中對海盜罪的範圍過於狹隘，新興的海上恐怖主義犯罪等其他危害航運安全的犯罪活動，沒有得到海洋法公約的規範。國際社會逐漸認知到此點的嚴重性，所以為維護國際航運安全為宗旨的國際海事組織於 1988 年通過了《制止危及海上航行安全非法行為公約》（Convention on the suppression of Unlawful Acts Against the Safety of Maritime Navigation，簡稱 SUA 公約），並於 2005 年進行修訂，隨著該條約之通過，各個國家間也開始了管轄機制以外的多邊合作機制的嘗試。[70]

這些年來新加坡與印尼、馬來西亞三個國家，在聯合打擊海盜方面，取得了具體的成效。三個國家早在 1992 年初的時候，就已協商展開反海盜的聯合具體行動，新加坡與兩國海軍、警方開始彙編和分享有關的情報，組織，聯合巡邏及掃蕩海盜的據點，

68　藍嘉祥，〈新加坡打擊海盜政策之研究—（2001–2012）〉（台中：中興大學國政所碩士論文，100 年），頁 56。援引自〈新加坡等六國聯合軍事演習〉，《和訊新聞》，http://news.hexun.com.tw/。

69　〈新加坡等六國聯合軍事演習〉，《和訊新聞網》，http://news.hexun.com.tw/。

70　張湘蘭，〈南海打擊海盜的國際合作法律機制研究〉，《北大法律網—法學論壇》，第 5 期（2010 年），http://Article.chinalawinfo.com.

並在吉隆坡建立了反海盜中心、聯合監視系統，以確保該區域的航行安全。[71]

肆、區域全面經濟夥伴關係協定

2011 年 11 月，第 19 屆東協高峰會通過東協區域全面經濟夥伴協定架構（ASEAN Framework for Regional Comprehensive Economic Partnership），旨在深化以東協為核心的區域經濟整合，並邀請中國大陸、日本、韓國、紐西蘭、澳洲及印度等六個對話夥伴國共同參與。[72]RECP 談判內容涉及中小企業、投資、經濟技術合作、貨物與服務貿易等 10 幾個領域，若能達成，將會形成一個人口約 30 億，GDP 總合約 21 萬億美元，占世界貿易總量 30% 的貿易集團，達成通往實現更大範圍亞太自貿區的可能途徑。[73]

2018 年東協峰會在新加坡舉行，新加坡總理李顯龍特地在區域全面經濟夥伴協定（RCEP）峰會中表示，協定的談判已取得實值的進展，預計 2019 年將完成談判，第 33 屆東南亞國家協會峰會暨系列峰會在新加坡國際繪展中心舉行 5 天會議，其中焦點將擺在全面經濟夥伴協定的談判進度。[74]

71　李子遲，《千年海盜》（重慶：重慶出版社，2009 年 7 月 1 日）。

72　〈東協峰會承諾今年完成 RECP 談判、共同申辦 2034 年世足賽、打擊海洋垃圾〉，《關鍵評論網》（2019/09/30 瀏覽），https://www.thenewslens.com/article/121151。

73　〈新加坡官員：區域全面經濟夥伴關係協定談判取得進展〉，《新華網》（2019/09/30 瀏覽），http://www.xinhuanet.com/fortune/ 2018-09/02/c_1123365958.htm。

74　〈東協峰會在新加坡李顯龍 RECP 可望在 2019 年完成談判〉，《三立新聞網》（2019/09/30 瀏覽），https://www.setn.com/News.aspx?NewsID=456582。

　　李顯龍在區域全面經濟夥伴會中表示，RECP 談判已經進入第 6 年，今年取得若干實質的進展，但若是繼續延長談判期程，有可能喪失利害關係人的信任與支持，也代表會讓企業與人民失去獲利的機會。[75] 李顯龍說，區域全面經濟夥伴協定已完成 7 個章節，他強調，若有必要繼續談判期程，希望盡可能獲得最大進展，李顯龍說，該協定可望在 2019 年完成談判。他也表示，區域全面經濟夥伴協定的會員國正處於關鍵時刻，保護主義與反全球化不斷掀起浪潮，此點將對區域及全球經濟形成衝擊，帶來難以預料的後果。[76]

伍、新加坡暨區域商務論壇

　　新加坡一向致力於推動區域間的合作，只要是對維護區域安全、經濟發展、文化教育、資訊傳媒等各項有利區域的建設，新加坡都樂於擔任各方面的領頭羊。2017 年第三屆新加坡暨區域商務論壇在新加坡舉辦，主要針對區域商務發展做研討，新加坡如何在未來十年投資打造重要基礎設施，協助區域國家達成一種互聯互通、彼此互惠的目標。這個論壇主要也探討如何開展「一帶一路」所帶來的各種商機與繁榮，論壇共有來自 40 多個國家及地區，600 多名商界領袖與政府代表出席。新加坡暨區域商務論壇由新加坡工商聯合總會（SBF）舉辦，會中新加坡國家發展部長黃循財特別強調，「新加坡在未來 10 年內將大力投資打造重要基礎設施，透過持續轉型打造更具競爭力的經濟，讓新加坡有信心面

75　同前註。

76　同前註。

對未來的挑戰」。[77] 黃部長亦表示，新加坡或許只是個小國家，在未來的發展與基礎建設計畫上如何與區域間相互聯結，達到快速有效的地步極為重要。其中包括樟宜機場將擴建第五航廈，新加坡商港巨型碼頭的增建以應付多一倍之乘客和集裝箱運輸量。陸路方面則是新加坡至吉隆坡的高速鐵路，以及連結新加坡與馬來西亞柔佛新山的地下化鐵路系統，使新馬兩國的人民往來更加便利，也藉機提高區域的旅遊人次擴展商機。[78]

　　黃部長也在會中對來自區域及各國代表重申，新加坡積極與中國合作打造「一帶一路」的立場，雖然新加坡的基礎建設項目會為新加坡和區域帶來正面的發展，但是新加坡能在一帶一路中扮演有用的角色，[79] 與中國大陸合作加強金融領域的連繫與密度，期盼成為一帶一路在區域的金融中心或區域合作中最大平台，主導亞洲下一個階段的發展。

　　由新加坡對區域發展的推動來看，不論是東協組織、東亞峰會、東協部長會議、區域商務論壇等，都顯示新加坡對區域合作方面的積極和投入，雖然就國際政治來說，新加坡只是一個小國家，但是從她對推動區域合作的態度，不禁讓人覺得她的重要，換個角度來看，小國也能在區域或國際扮演重要的角色。

77　參見：經濟部國貿局經貿資訊，〈新加坡發展部長，第三屆新加坡暨區域商務論壇表示，新加坡未來十年大力投資重要基礎建設〉，網址：https://www.trade.gov.tw/World/Detail.aspx?nodeID=45&pid=612582。

78　同前註。

79　同前註。

第三節　新加坡在區域所扮演的角色

　　東亞主義屬於封閉型區域主義，在區域認同與意識上較強，可以這麼說東亞主義是一種舊型區域的思維，1997 年 7 月東南亞金融危機爆發後，美國為首的西方國家在當時期望透過國際貨幣基金（International Monetary Fund）等全球性的多邊機制介入東亞金融重建，堅決反對建立亞洲貨幣基金，間接引起東亞國家更加重視區域的合作。[80]

　　東亞主義因地理位置鄰近的國家形成，以東亞各國為主的特色，凸顯區域認同意識的強化，理論上，因相互接壤的地緣關係，有利於區域合作的進行。[81] 雖然東協陸續發展出東協加一、東協加三至東協加八的經濟體，也包含了中美日等區域大國，東協主義的封閉型模式，也使得參與者對外更為團結。

表 3-5　東亞區域主義的五項指標比較

指　標　說　明	亞太主義	東亞主義	東協主義
區域化	○	○	○
區域認同與意識		○	○
區域內的國家合作	○	○	○
以國家為主要行為者的區域整合			○
區域凝聚力			○

資料來源：援引自高長、吳瑟致等，〈中國崛起對區域主義影響〉，頁 6 並加以整理。

80　高長、吳瑟致等，〈中國崛起對區域主義的影響〉，《遠景基金會季刊》，第 10 卷第 2 期（2009/04），頁 7。

81　同前註，頁 8。

備註：符號「〇」代表該主義具有該指標特質。

　　東南亞國家雖是有著強烈的區域認同感，然而在經歷亞洲金融風暴之後，對整個區域振興與發展又顯得欲振乏力，因此，對於拉攏中國與「中日韓」三國上不遺餘力，也促使東協加一與東協加三的形成，期待為區域帶來新經濟。就整個東協國家而言，要屬新加坡算是較其他國家發展來的耀眼，不論就國家內政、外交，或軍事，皆高於其他東協諸國。因為這樣，使得新加坡成為區域中影響力較大的國家。

　　新加坡獨立建國 52 週年之際，總理李顯龍即指出，「要有新加坡精神，保持競爭優勢」。新加坡的立國與治國均為亞洲國家參考典範，由其國家實質影響力已超越普通國家。他更道出，現在整體環境相較過往已有很大的差異，新加坡有許多迫切的國內外事務亟待解決，如恐怖主義威脅、海盜問題、貿易保護的影響、推動產業升級轉型，他提出以新加坡精神邁向未來，並為區域形成影響。[82]

　　新加坡在東南亞一向素有「火車頭」的稱號，對主導整個區域整合也扮演關鍵性和協調者的角色，自從建國以來始終堅持法治、杜絕貪腐、維持高度廉潔與行政效率，[83] 這些都讓新加坡成為在區域具有重要影響力的原因。其次新加坡對外的靈活政策，以及對大國在區域形成的平衡態勢，都使新加坡對此不斷審時度勢、因勢利導，以求在東協加三、經濟能源、區域安全等議題上

82　〈新加坡實質影響力超越普通國家〉，《中央通信社》（2019/03/08 瀏覽），https://www.cna.com.tw/news/aopl/201708090246.aspx。

83　同前註。

站穩立場，扮演區域深具影響力的國家。以下將就幾點作說明：

壹、新加坡與東協加三

　　新加坡總理李顯龍 2017 年 11 月 14 日出席東協加三峰會時承諾，作為東協（2018）年的輪值主席國，新加坡將竭力進一步深化東協與中日韓三國關係。與會各國家領袖也強烈表達在反全球化與保護主義抬頭之際，加強區域經濟整合，邁向建立東亞經濟共同體之長遠目標。[84]

　　東協（2016 年）與中日韓貿易總額近 7000 億美元，占東協總貿易額 31%，新加坡除了加緊內部基礎重大設施之外，李顯龍總理認為，仍有進一步強化金融與經濟整合之必要以提升區域競爭性。2025 年「東協互聯互通總藍圖」與包括中國大陸一帶一路的倡議、日本「高品質基礎設施合作夥伴擴大計畫」及韓國「東協互聯互通論壇」等各種倡議可相互對接，[85] 以為區域直接帶來正面積極的影響。李顯龍表示，東協區域深具潛力，其中遊輪旅遊在深化基礎建設和互聯建設方面潛力雄厚，此點也為東南亞區域旅遊活動帶來迅速的增加。以（2015 年）赴東協旅遊人次計算，中日韓遊客約四分之一，高於（2014 年）的五分之一。[86]

　　從學理角度來看，建構主義（Constructivism）認為，區域認

84　參自〈新加坡出席東協加三峰會，各領袖承諾加強區域經濟整合以建立東亞經濟共同體〉，《駐新加坡台北代表處》（2019/03/08 瀏覽），https://www.roc-taiwan.org/sg/post/17897.html。

85　同前註。

86　同前註。

同的深化來自共同的歷史與經驗，[87] 李顯龍也對東協加三宏觀經濟研究辦公室（Maeroecomonic Research Office）成功申請到聯合國永久觀察員感到欣慰。他也認為應加強 2000 年成立之貨幣互換安排總值達 2,400 億美元之「清邁倡議多邊化協議（Chiang Mai Initiative Multilateralisation）。」由於中日韓在採納科技方面已居於領先地位，像是電子商務與智慧城市等領域，為此將對東協區域形成影響。[88]

新加坡將加強建立「東協數位創新氛圍」，建設電子商務架構，提升網路能力並創造東協智慧城市網路，[89] 打造數位創新的共同領域。若能掌握住區域內的基礎設施需求，將是日後經濟增長不可或缺的因素，[90] 此外，將新加坡設為東南亞主要基地的中國企業也在不斷增加，除了擴大經濟收益外，也為區域發展建設投入繁榮進步的影響。[91]

87　高長、吳瑟致等，〈中國崛起對區域主義的影響〉，《遠景基金會季刊》，第 10 卷第 2 期（2009/04），頁 10。

88　參自〈新加坡出席東協加三峰會，各領袖承諾加強區域經濟整合以建立東亞經濟共同體〉，《駐新加坡台北代表處》（2019/05/08 瀏覽），https://www.roc-taiwan.org/sg/post/17897.html。

89　參自〈新加坡出席東協加三峰會，各領袖承諾加強區域經濟整合以建立東亞經濟共同體〉，《經濟部國貿局》（2019/05/08 瀏覽），https://www.trade.gov.tw/World/Detail.aspx?nodeID=45&pid=621879。

90　參自〈新加坡出席東協加三峰會，各領袖承諾加強區域經濟整合以建立東亞經濟共同體〉，《經濟部國貿局》（2019/05/08 瀏覽），https://www.trade.gov.tw/World/Detail.aspx?nodeID=45&pid=621879。

91　〈新加坡藉一帶一路加強靠攏中國〉，《日經中文》（2019/03/08 瀏覽），https://zh.cn.nikkei.com/politicsaeconomy/politicsasociety/29973-2018-04-10-05-00-30.html。

貳、新加坡與國際能源總署

國際能源總署（International Energy Agency，IEA）執行長比羅爾（Fatih Birol），新加坡貿易與工業部長易華仁，在 2016 年新加坡國際能源週共同宣布新加坡成為國際能源總署的夥伴國家，也是 IEA 在東南亞國家中第三個夥伴國。消息一出即得到新加坡人民與區域等國的支持和期待，對於區域而言可說是意義重大。[92]

由於東亞地區人口快速增加與穩健的經濟成長，預計 2040 年能源需求量成長幅度將達 80%，而新加坡作為東南亞的區域能源中心成為 IEA 的夥伴國家，彼此將能共同合作成立能源訓練中心，提供訓練培養人才，以為東南亞區域能源提升而努力，此外，第一屆新加坡與國際能源總署合辦的論壇，也將在新加坡國際能源週舉辦，以做為與會各國代表在能源議題的對話平台。[93]

新加坡因政策明確，國家發展積極，使得在國際間深獲肯定，因此無論是在區域或國際上，相信皆能在能源政策部分扮演非常重要的角色。能源部長易華仁強調，隨著經濟社會高度發展，東南亞國家在全球經濟與能源方面的需求非常重要，新加坡將全力支持與配合國際能源總署（IEA）對東南亞新興經濟體的開發而努力，期盼對區域能源發展有所影響，畢竟有這個倡議將會使全球能源機制發展更加完善。[94]

92　參自：〈東南亞能源中心，新加坡成為國際能源總署夥伴國〉，《南洋新聞》（2019/03/08 瀏覽），https://aseanplusjournal.com/2016/11/04/aseansea1104/。

93　參自：〈東南亞能源中心，新加坡成為國際能源總署夥伴國〉，《南洋新聞》（2019/03/10 瀏覽），https://aseanplusjournal.com/2016/11/04/aseansea1104/。

94　同前註。

　　2015 年出版的世界能源展望中，對東南亞地區做了特別報告，[95] 當中除了預測 2040 年以前東亞地區能源需求趨勢之外，更道出數個東南亞能源系統重要議題，如電網聯結與能源進用，包括東協電網、區域天然氣管線升級、促進偏遠地區及能源成本較高地區的使用效率和能源安全，希望進一步帶動區域平衡發展。[96] 新加坡成為東南亞與國際能源總署的夥伴國家，相信在與 IEA 共同合作之下，必會為區域能源發展帶來成效性的影響。

參、打擊海盜維護區域安全

　　東南亞水域船隻過往頻繁，無論是「國際海事組織」（IMO）或是「國際海事局」（IMB）的報告指出，世界上最容易發生海盜行為的海域中，要屬東南亞水域了。紐約時報也報導，東南亞已取代非洲，成為全球海盜罪猖獗的地區。依據 2016 年國際海事局資料顯示，全球航運攻擊事件中，大多數是發生在東南亞。[97]

　　新加坡位處於麻六甲海域出海口，各國船隻皆須航經該水域，況且新加坡又是亞洲最大的集裝箱的中轉港，對於海盜出沒影響區域航安，自然是不會坐視不理。所謂港口是連結國際航運

95　IEA 國際能源總署每年出版世界能源展望（World Energy Outlook）研究報告、能源使用排放統計資料（Key World Energy Statistics）、各能源市場報告等重要出版品，是各國政策制定與了解全球能源使用的一項重要參考指標，各國也皆會運用此指標來訂立能源政策，是一個對各國能源參考依據非常重要的報告。詳見網址：https://aseanplusjournal.com/2016/11/04/aseansea1104/。

96　同前註。

97　〈東南亞取代非洲成為海盜罪猖獗地區〉，《聯合新聞網》（2019/03/08 瀏覽），https://video.udn.com/news/561787。

的重要據點，新加坡作為亞太地區最大的轉口港，[98] 每年有 4 萬多艘次的船舶進港靠泊，吞吐量（port handling capacity）在 4 億噸以上，可說是數量龐大。

海盜的猖獗已引起全球的關注，對東南亞區域周邊國家也帶來安全上的隱憂，東南亞會出現海盜的原因，無非是經濟情況不佳、人民生活困苦、治安不良、航道狹窄，島與分布較多等，這些因素皆是造成海盜掘起及作案後容易逃竄的主要原因。[99] 根據信德海事組織警告表示，2020 年海盜仍在全球主要水域作案，包括東南亞、東亞及南亞等區域，其中東南亞占 62 起，僅次於非洲的88 起，[100] 海盜問題實在令東南亞區域各國不容小覷。

東南亞的海盜問題，將深深的影響區域間的安全與經濟發展，東南亞國家在歷經過亞洲經融風暴以後，都試圖力求國內的各項開發與建設，對於影響著海上安全的海盜問題，勢必會給區域及國內發展帶來負面效應，因此，新加坡為維護區域海上安全特別制定打擊海盜的政策並與鄰近國家合作，以使海盜問題得以解決，以下將以新加坡制訂的政策作說明：

一、海洋安全委員會的成立：

對新加坡來說，保持海上通道的安全比任何事都來重要，海上安全是一個關鍵性的問題，甚至比新加坡的國家安全優先，與世界其他國家一樣，海洋安全的維護必須是跨國界的，也是多面

98　〈新加坡港〉，《百度百科》（2019/03/09 瀏覽），https://baike.baidu.com/item/%E6%96%B0%E5%8A%A0%E5%9D%A1%E6%B8%AF。

99　劉思好、陳彥宏，〈黃金面紗下的骷髏：東南亞海盜背景與近況〉，《海安論壇》，〈民國 95 年 8 月 15 日〉，頁 4–7。

100　請參閱〈2020 全球海盜分析〉，《信德海事網》。

向的一種。[101] 對於海上安全的問題，在專責的處理上面，新加坡「海上安全委員會」的成立，便是集中各個專業領域的知識、經驗與思想，使其對於海上安全方面所造成的風險減至最低。一個對於海上安全的全面性政策，開始在國家一級的共同對話上面，這種對話將在海上安全委員會（The Maritime Safety committee，MSC）。這是一個跨部會和機構間的設置，由國防部、外交部、民政事務總署、運輸、情報和國防科技機構的代表。針對海上安全的威脅做政策性的評估，以降低海上的威脅與風險。[102]

二、建構全方位海上安全系統：

海上安全在整個的軍事行動當中，所占的比例增加許多。[103] 新加坡的第三代海軍正在尋求把水面作戰平台「如水面艦艇和無人操控船等」，和陸基情報監控系統相融為一體。這些部分將做為一個全方位反應系統的聯合作業並能加以有效整合，以便在面對瀕臨威脅做出反擊計劃時能有效的壓縮他們自由決策的空間，確保決策更能精準。[104]

上述效能因各相關機構間的合作而被進一步的增強。例如，

101　RADM, Chew Men Leong,“Navies and Maritime Security-A Republic of Singapore Navy Perspective”, *Pointer Journals,* Vol.33, No.3 (2007), p.6.

102　Ibrd., pp.7–8.

103　911 恐怖攻擊事件之後，各國無不加強對於機場與港口的安全防範措施，除加強機場與港口的各項安檢以外，對於來自海上的威脅，也擬定有關政策並以各種打擊海盜或是反恐為名之演習，共同維護區域海上安全，保障船隻的通航。
　　藍嘉祥，〈新加坡打擊海盜政策之研究—（2001–2012）〉（台中：中興大學國政所碩士論文，100 年），頁 48。

104　同前註。

新加坡海岸警備隊（Police Coast Guard，PCG），和新加坡的海事
及港務管理局（Maritime and port authority of Singapore，MPA）兩
個單位彼此合作來應對海上安全所面臨的威脅，未來新加坡將把
指揮控制中心位置設立於海軍樟宜基地附近，新加坡海事安全中
心（Singapore Maritime Security Center，SMSC）將會進駐。中心
內的設備與相關平台將供海軍、海岸警備隊，和海事及港務管理
局共同使用，以實現三方資訊共用，期能達到有效處理具體的突
發事件，以達到海上安全的全方位反應。[105]

三、聯合周邊國家合作：

　　新加坡、印尼與馬來西亞三個國家於 2007 年，建立有關麻六
甲海峽和新加坡海峽的合作機制，聯合保護麻六甲海峽和新加坡
海峽的航行安全與環境。新加坡海峽是麻六甲海峽的一部分，也
是航運最繁忙的水道之一，由於遭受到海盜的襲擾，近些年來新
加坡當局下定決心，無論如何都要嚴加打擊海盜，以維護該海域
的船隻航行安全。[106]

　　2011 年起，設在馬來西亞首都吉隆坡的國際海事局（International Maritime Bureau）海盜信息通報中心，曾經多次發布東南亞
地區及南海方面的海盜活動警報。[107] 東南亞的海域是全球船隻主要

105　同前註，頁 48–49。

106　同前註，頁 50。

107　索馬利亞海盜與東南亞地區的海盜在攻擊手段與方式上有很大的不
　　同，東南亞海域的海盜是以搶劫財物為主要目的，而索國海盜除了
　　搶劫以外，甚至會綁架船員及勒索贖金，有些會將船員殺害後棄置，
　　再將船隻另行登記與註冊，其犯案方式與東南亞地區的海盜有很大
　　之差異。詳細資料可參考：遠景基金會，〈東亞海盜與海上安全
　　問題〉，http://www.pf.org.tw:8080/FCKM/inter/research/report_detail.
　　jsp?report_id=9774。

航行的通道，保護該通道的安全乃是新加坡及周邊所有國家的責任。根據 2006 年 9 月正式生效的（亞洲地區反海盜及武裝劫船合作協定），該協定的信息資料中心就設立於新加坡，此協定所建立的功能與機制也因各國彼此的重視，正發揮它越來越重要的作用。[108]

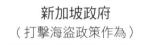

1. 海洋安全委員會設立
2. 全方位安全系統建構

3. 聯合鄰近國家共同打擊
4. 研擬海盜懲治方案

圖 3-1　新加坡政府打擊海盜政策流程圖

資料來源：作者自行繪製

　　以上為新加坡為維護區域海上安全避免海盜問題擴大所制訂的幾項政策，期能透過良好有效的政策杜絕東南亞海盜的橫行，為區域海上安全帶來保障。近些年來由於東南亞地區各國在基礎

108　2004 年 11 月 11 日在日本東京訂定的「亞洲地區反海盜及武裝劫船合作協定」，（Regional Cooperation Agreement on Combating Piracy and Armed Robbery Against Ship in Asia），其信息資料中心設於新加坡，目的是將海上掌握的信息分享給各國船隻，以便對海上威脅有所因應，此協定目前包含東協國家在內共計 17 國參與。

設施與經貿方面持續拓展，海盜的問題將會造成區域發展負面的影響，甚至航經的船隻人人自危，有鑒於此，新加坡責無旁貸除制訂有效的打擊海盜政策外，更加強與鄰國的合作，共同面對海盜問題，為區域安全發展而努力。

第四節　小結

　　小國若是在領導者睿智的帶領下，國家目標及建設發展得宜，人民又勤奮守法，這樣的國家原則上在國際舞台很難不受其重視，新加坡雖然土地面積不大，人口也少，資源更是匱乏，但這樣的條件使她不容向現實低頭，必須全力以赴，將國家建設成一個符合制度化、效率化與國際化的現代國家，深受國際的肯定。

　　由於長期受英國統治影響，因此，西方民主與科學產業早已深入該國，建國之初在內閣資政李光耀前瞻與鐵腕治理下，政府領頭打下良好基礎拼出今日的奇蹟。李顯龍繼任總理之後，在既有的根基上戮力以行，深知小國生存的不易，在現實的國際環境中除了創造本身的條件外，其次是在對外政策的發揮與運用，就新古典現實主義來說，「國際權力分配是影響一個國家對外政策的重要因素」，除此之外，領導者的主體信仰同樣影響國家對外政策的反應。[109] 新加坡能長期在國際舞台扮演重要的角色、推動區域間彼此合作並成為區域裡重要的領導成員，除了國內政治環境因素以外，領導者對國際結構的認知、國家利益等，這些都是小

109　劉豐、張晨等譯，諾林・里普斯曼等著，《新古典現實主義—國際政治理論》（上海：上海人民出版社，2017），頁 62。

國在對外政策運用上所需納入的重要考量。

　　新加坡從建國初期就體認到在與鄰國相較之下，必須要有超越的強烈意識，若是無法建設廉能、效率、現代化的國家，是得不到區域認同和國際的重視，新加坡的領導者非常清楚自身的處境，在面對國際瞬息萬變的環境能隨時掌握有利位置、審時度勢做出明智的抉擇。[110] 使自己擁有的條件及對外發展雙重因素下，使其得以在國際舞台扮演重要角色、在區域推動有關合作並形成有利的影響，對此作者不外乎就以下幾點作觀察：

1. 獨立建國之初資源欠缺，政府與人民唯有自立自強才能突破困境，因而養成新加坡人勤奮與自立更生的習性。
2. 國內資源不足，必須依靠轉口貿易、海外投資、通信、旅遊、航運等項目賺取資金，創造自身的條件。
3. 由於執政的人民行動黨一黨主政，在一元化的政策領導下，政府講究廉能與效率，只要符合本國利益的要項，新加坡一律以最有效率的方式處理。
4. 不樹敵的對外策略，與周邊國家睦鄰友好。
5. 面對區域大國採取平衡策略，也盡量使區域國家不選邊站，完全以權力平衡、確保區域安全為目的。
6. 樹立典範與盡力推動區域合作，因此深得區域國家信任並對區域形成重要影響。

　　綜觀以上新加坡所具有的優勢，使得她不僅在國際或區域扮演重要角色，積極促進區域間的合作，能以正面形象影響區域國家。雖然以上所述皆為新加坡的優勢，但並不代表新加坡就毫無

110　〈新加坡的成功之道〉，《新加坡文獻館》（2019/03/09 瀏覽），
　　　https://www.sginsight.com/xjp/index.php?id=4411。

問題存在，只是就本章而言作者希望透過小國新加坡的成功，進一步觀察與探討背後的原因並能從中帶來醒思。

第四章
新加坡的對外政策
與生存策略

新加坡李光耀公共政策學院院長馬凱碩（Ma. Kaisuo）曾指出，小國應有小國的作為，在對外政策上更應謹慎行事。處在日前變動快速的時代，新加坡應堅持本身的理念與政策，站穩腳步並堅守即有的立場。[1] 從以上這些談話，不難看出新加坡在對外政策上的慎重和堅持。

新加坡長期以來都是以「務實主義」為考量，除了創造自身的存在價值，也謀求大國間的平衡，以實現利益最大化。自從建國以來就體認了國際環境的現實，必須以務實的對外政策及如何維持與大國的關係，發揮與大國博弈並在強權間求生存，展現「小國大外交」的特質。

第一節　新加坡的對外政策

新加坡的對外政策一開始就是以「國家生存」為優先考量，為了追求生存且不得對國際存有幻想，「自助」是新加坡的基本核心概念。[2] 新加坡的生存除了軍事力量之外，也展現在國家的基礎重要建設，將本身打造成一個受世人肯定的國家，讓更多的國際企業來新加坡發展，創造互蒙其利的成果。

新加坡總理李顯龍曾在公開場合呼籲，新加坡必需要認清「作為小國的現實，還要能對世界有所作為，並捍衛自己的利益

1　〈小國大外交是生存之道〉，《聯合早報》（2019/03/11 瀏覽），https://www.zaobao.com.sg/zopinions/editorial/story20170719-780206。

2　張國城，〈從現實主義中的權力觀點看新加坡的外交政策〉，《台灣國際研究季刊》，第 9 卷第 1 期（2013），頁 97。

與核心價值」。[3] 他也公開說明，新加坡認清現實與捍衛本身利益，彼此相輔相成，這也是小國不向命運妥協的生存之道。新加坡做為一個小國，若能與其他國家共同發展，讓彼此的利益結合一起，這樣不但能保障自身的利益與安危，也進一步在國際上扮演一定之角色。[4] 因此，新加坡對外政策原則根據官方文件所述有下列幾點：[5]

1. 不對區域或世界上認何國家存有幻想。
2. 必需維持可靠且具有嚇阻的軍事防衛，以作為「有效外交政策的基石」。
3. 強調與所有範圍內的鄰邦維持良好關係，並透過東協組織的平台提供對區域合作相關承諾。

　　新加坡一向以「奉行務實主義」的對外政策為最高原則，在務實主義對外政策上一方面以美國作為軍事保護求取大國平衡，[6] 一方面也穩定與中國發展關係，達到平衡的對外目標。新加坡從建國總理李光耀至現任的李顯龍，都清楚知道小國的利益在那，治國原則就是努力和各國維持友善關係，採取不樹敵的理念並發

3　〈談小國不向命運妥協，新加坡不願接受小國無外交的命運〉，《新聞天天看》（2019/03/11 瀏覽），https://www.twgreatdaily.com/cat39/node1566693。

4　同前註。

5　張國城，〈從現實主義中的權力觀點看新加坡的外交政策〉，《台灣國際研究季刊》，第 9 卷第 1 期（2013），頁 97。

6　〈新加坡的對外政策走向〉，《中國共產黨新聞網》（2019/03/11 瀏覽），http://cpc.people.com.cn/BIG5/n/2015/0922/c191095-27618288.html。

展多邊的對外策略。[7]

　　新加坡的外交秉持著「沒有永遠的敵人，也沒有永遠的朋友，只有永遠的國家利益」。面對現實殘酷的國際環境，新加坡為求生存，對外理念也以國家利益為出發點，因此她在對外基本原則上可歸納以下幾點：[8]

1. 新加坡屬於小國，對地區及世界其他國家沒有非分之想。
2. 需要維持一支可靠、具有威嚇力的軍事力量以支撐我們的外交。
3. 必須促進與鄰國的友好關係。
4. 時時刻刻站在友方這邊，相互共同協助。
5. 完全支持東協並視為對外合作基礎的平台。
6. 為東南亞區域及亞太地區安全和平而努力。
7. 必須保持一個自由開放的多邊貿易體系而努力。
8. 願與各個國家間發展互惠貿易、努力維持市場開放。
9. 支持與積極參與聯合國等國際組織。

　　從以上的歸納當中，可以清楚了解新加坡的對外政策方向，不但維持自身的生存權利，也不吝與各國來往發展關係。以東協作為平台，與大國維持平衡來往促使區域獲得保障，不只是對自己，也對區域。此外，新加坡在對外堅持的幾項基本原則有以下幾點：[9]

7　〈新加坡的小國外交哲學：地理位置是優勢，更反對強權即公理〉，《關鍵評論》（2019/03/11 瀏覽），https://asean.thenewslens.com/article/53307。

8　〈新加坡外交基本原則〉，《鳳凰網》（2019/03/12 瀏覽），http://news.ifeng.com/history/shijieshi/special/shuangmianliguangyao/detail_2013_06/21/26654798_0.shtml。

9　同前註。

1. 主權至上：新加坡國土面積狹小，由於天生的脆弱性，為了求生存，努力維護國家主權是新加坡對外政策的重要原則。

2. 現實原則：由於小國的關係，現實利益為首要考慮，因此，對外原則首以「利益優先」為考量，若是國家安全、生存與意識形態、政治理念等相衝突時，首先考慮以利益為主。

3. 和平友善：即使新加坡維持一支強勁的軍隊，但她畢竟只是個小國，因此為了維護國家利益不致受到侵犯，一方面實施安全外交，一方面實施和平外交，透過廣交朋友並友善的對待，降低樹敵的機率。使其在區域內，堅持睦鄰原則，藉由東協組織對外發展與解決各項雙邊或多邊問題。至於區域外，則是歡迎任何國家以對等互惠的基礎，建立深厚的聯繫。

4. 積極對外原則：為了提高國際能見度與在國際舞台扮演重要角色，新加坡積極參與地區及國際事務，在國際舞台上表現比其他小國活躍。例如與大國關係、柬埔寨基礎建設、東協組織擴展等問題上都表現亮眼。

　　新古典現實主義者認為「國家對外政策的雄心，主要在於該國在國際體系中的位置和相對物質實力。」如同漢斯・摩根索及一些學者所提到的，它們也包括各種無形的資源，比如民族的道義力量、領導者與外交質量等，這些因素都是衡量一個國家的對外政策指標。[10]

　　以下作者乃以李光耀時期的對外政策和李顯龍時期的對外政

10　劉豐、張晨等譯，諾林・里普斯曼等著，《新古典現實主義—國際政治理論》（上海：上海人民出版社，2017），頁 41。

策做一說明，並比較兩人間的差異，從中探討新加坡的對外生存
發展。

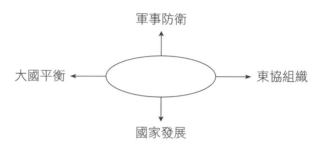

圖 4-1　新加坡政府對外政策指標圖

資料來源：作者自行繪製

壹、李光耀時期的對外政策

新加坡自 1959 年擺脫英國殖民統治獲得自治，1965 年脫離馬
來西亞聯邦正式建國之後，不到 30 年時間，從一個貧窮落後殖民
地軍事要塞發展成為繁榮昌盛的現代化城市國家，創造了舉世公
認的「新加坡奇蹟」。[11] 從內政來看，新加坡是世界上政治清廉、
社會穩定、經濟繁榮的國家。從外交來看，她在國際上享有一種
幅員雖小和人口有限，卻是有一定影響力的小國。新加坡國家雖
小，但在國際上的聲望，遠遠超過人口與土地的比例。[12] 她能有如
此的經濟成就和外交發展，前總理李光耀可說是厥功至偉、貢獻
良多，自從獨立以來，李光耀執政 31 年，在他 1990 年卸任總理

11　張建新，〈均勢與和諧：新加坡的小國大外交〉，《東南亞縱橫》，
　　第 9 期（2008），頁 10。。

12　同前註。

轉任內閣資政時，新加坡已是擠身於世界發展國家之列。[13]

1965–1990 年，李光耀是新加坡對外政策的決策核心，是新加坡外交政策的主要設計者，其各人的世界觀、政治理念和外交思想都對新加坡外交有著決定性的作用。[14] 以下將對李光耀各人在政治理念、外交思想、對新加坡外交的作為做一說明：[15]

一、李光耀的政治理念

李光耀 1923 年 9 月 16 日出生於新加坡，祖籍是中國廣東省大埔縣唐溪村，他是李家土生土長的第三代，出生時，其家族已在新加坡生活了半世紀，1946 年 10 月至 1950 年 8 月，李光耀留學英國，專攻法律，目標是考取英國律師資格，他先在倫敦經濟學院學習，三個月不到轉入劍橋大學。在英國求學的四年時，李光耀在政治思想上變得成熟，對他未來的政治生涯引發了很大的作用。[16] 留學當中對李光耀的收穫主要有三點：

一是廣泛接觸各種政治思潮，了解英國政治制度，從中接受了費邊主義建立平等、公正和公平社會的主張，以及英國社會革命的和平漸進方式，尤其對英國建設福利國家的制度公平性印象深刻。李光耀坦言，我這一代在第二次世界大戰後到英國留學的新馬學生，完全接受了工黨政府那一套公平、合理的綱領，我們也很嚮往成熟的英國制度，在這種制度下，憲政綱領和容忍精

13　同前註。

14　魏煒，〈李光耀時代的新加坡外交研究（1965–1990）〉（上海：華東師範大學人文學院博士論文，2006 年），頁 36。

15　同前註。

16　魏煒，〈李光耀時代的新加坡外交研究（1965–1990）〉（上海：華東師範大學人文學院博士論文，2006 年），頁 37–38。

神,使得權力和財富都在和平中進行基本的轉移,我們把在英國所看到的一切,拿來同新加坡和馬來西亞比較,新馬情況顯得相對落後,前途並未樂觀。[17]

但是,李光耀不是平等主義者,不相信所有人都具有同等的才智,他主張機會和制度平等,社會應該提供同等的機會,而非同等的待遇,國家也是。領土不是致富的必備條件,人們必須要在自由市場裡相互競爭,同時在大方向上的自由市場裡跟其他國家競爭。[18]

二是形成反英、反殖民思想,李光耀留學英國期間,渴望建立包括新加坡在內的獨立馬來亞,他近距離觀察了英國的階級制度,在他心中萌生出要剷除英國對馬來亞和新加坡的殖民統治意念。李光耀懷疑英國人他們能否本著新馬人民的利益治理該地區,在新馬的英國人對推動殖民進步毫無興趣,他們所在乎的是殖民地給他們帶來的高級職位與豐厚的薪資,在國家的層次上,英國人所關心的,主要是如何輸出馬來亞的樹膠和錫,賺取美元外匯,以支持百病橫生的英鎊。[19]

三是初步經歷了政治的鍛鍊,並且在英國政治界建立了朋友圈,李光耀與那些將來可能在主要政黨裡扮演重要角色的英國學生接觸,因為工黨比保守黨較為同情英國殖民地的獨立願望,所以李光耀願意與工黨政治領袖接觸,他除了廣交工黨裡較為活躍的人士以外,並多次參與各項活動。其中一些工黨友人在選舉上

17　同前註,頁 38。

18　同前註,頁 38–39。

19　魏煒,〈李光耀時代的新加坡外交研究(1965–1990)〉(上海:華東師範大學人文學院博士論文,2006 年),頁 39。

還獲得李光耀的協助，與英國青年精英的接觸和友誼，使得英國
政界對李光耀各人有所了解，為李光耀從政之後與英國官方的交
往奠定穩定的私人基礎。[20]

　　從以上三點看來，李光耀在國外留學期間，顯然已漸漸地展
現出明確的政治抱負與政治信念，由於英國的政治制度與公正平
等的社會主張，給李光耀在思想上帶來很大的啟蒙，也對日後他
所領導的政黨在治理國家方面產生莫大的影響。

二、李光耀的外交思想

　　1950 年 8 月，李光耀從英國回到新加坡後，開了一家律師
事務所，由於擔任多個工會的法律顧問，為他贏得了廣泛群眾的
基礎，後來，他又聲援了新加坡學生的反殖民運動並為學生們辯
護，再次使他聲名大噪，贏得普遍人民的支持。[21] 新加坡的對外
政策可說是小國的最佳實踐典範，[22] 亨利・季辛吉（Henry Alfred
Kissinger）有一段關於領導者的論述，領導人的作為若只是反映本
身的不安全感，或只看到危機的表象，而看不到長遠的大勢，久
而久之這樣的領導者是得不到社會大眾尊敬的。[23]

　　李光耀是一位有思想、重實際的政治家，除了國內政績外，
他對國際問題的分析和研判能力，使他在國際上擁有相當的地

20　同前註。

21　〈李光耀：一個小島一個偉人〉，《人民網》（2019/09/11 瀏覽），
　　http://finance.people.com.cn/BIG5/n/2015/0323/c1004-26734175.html。

22　張國城，〈從現實主義中的權力觀點看新加坡的外交政策〉，《台
　　灣國際研究季刊》，第 9 卷第 1 期（2013），頁 108。

23　〈李光耀與新加坡外交〉，《鳳凰網》（2019/09/11 瀏覽），http://
　　news.ifeng.com/history/shijieshi/special/shuangmianliguangyao/detail。

位，甚至英國前首相柴契爾夫人都對他在國際局勢判斷上讚譽有加。李光耀是新加坡外交決策者，那麼他以什麼樣的思想理念來建構新加坡的外交目標、戰略與政策，以下將是幾點分析：[24]

1. 國家利益至上：李光耀是不折不扣的利益至上論者，1966年10月9日，李光耀針對國際關係、國家外交政策等問題在新加坡大學國際論壇上發表談話，強調指出，當論及到某一個國家的對外政策時，有兩件事一定要記在心裡，第一、任何時候執行的對外政策，首先是為組成一個國家的一群人民長期民族利益而制訂的。第二、政策是為負責當時國家命運的政權形式或政治領導形式而制訂的。

2. 實用主義政治哲學：理論往往與現實存有一定的距離，所以利益至上主義者一般多遵循實用主義的政治哲學，當理論與現實有出入的話，他們總是以是否實用為原則，依據現實的需要做出決定。李光耀的實用主義哲學體現在幾個方面，大至國家政策、領導原則，小至對人處世，李光耀認為實用主義是新加坡的重要成功經驗，他指出，我們所以會生存，是因為我們的人民實際和現實，「沒有人能預知逆境何時來臨」，領導的藝術就是要做到能隨機應變。因此，在李光耀的外交思想中，採用何種理論或政策，完全是依據實際情況與國家需要來決定的，例如，當年英國從新加坡撤軍時，李光耀體認到美國是新加坡安全上最強的外援時，馬上調整對美態度與政策，與美國親近起來。

3. 現實主義國際政治觀：李光耀不喜歡談理論，只是說觀點，但依他的觀點還是會給他貼上某些理論的標籤，李光

24　魏煒，〈李光耀時代的新加坡外交研究（1965-1990）〉（上海：華東師範大學人文學院博士論文，2006年），頁40-43。

耀的一些外交思想非常符合摩根索的「現實主義原則」，比如強調政策評價以效果而非以道德為尺度，認為美國的民主和人權不是放諸四海皆準的，堅持政治領域的自主性，鼓吹亞太安全結構的勢力均衡等。與摩根索理論一樣，「權力」是李光耀政治思想的核心概念，此點，在人民行動黨早期與新加坡其他政治力量鬥爭時及執政新加坡共和國的經驗中，李光耀更加明白了權力的重要性，由國內推至國際，他也相信國際社會也是以權力政治為基礎的，國家的強弱限制著外交的取向，因為，李光耀是個實用主義者，所以他對權力的理解絕非簡單的套用理論去做解釋，而是得其精髓、靈活變化，他懂得創造資源並運用資源，李光耀也認為，天然資源是權力構成的第一要素，但他認為是否有權力並不完全取決於天然資源。李光耀說，「一個國家的財富與勢力是受天然資源、人才資源、科學與工藝技能等這三種影響」，可見在李光耀認為，像新加坡這樣沒有天然資源可供利用的小國，依賴人才資源也能擁有權力，一樣能在世界上與其他國家競爭，同樣的，現實主義另一核心概念「權力平衡理論」在李光耀這也是依其新加坡的實際情況而定，因為他認為勢力均衡是理想的安全架構，新加坡雖不能直接參與構成權力平衡，但可以鼓勵或支持某種權力平衡，畢竟這對新加坡甚至區域來說是有利的。

4. 積極外交：李光耀在任何事情上都會採取積極主動的進攻態勢，相信事在人為，在李光耀看來，新加坡是個彈丸小國，面臨許多生存的問題，天然權力不夠，因此，必需要以主動積極的態度，為自己創造良性的國際環境。一方面尋求獨立自主，不要妄想世界給我們什麼，要自己主動追求美好生活，另一方面則是利用新加坡具有戰略重要性、

地理優勢、人才資源優勢等積極發展外交，新加坡的外交
政策首先必須要鼓勵世界上的強國知道其存在，李光耀
說，如果我們能和廣大國家打成一片，發展良性的對外關
係並且保證優勢權力在我們這一邊，這樣對我們才有利。
所以新加坡的外交政策一定要達到兩個目的，一個是正當
的政治氣候，另一個是權力，因為你能有最好的政治氣
候，但假使沒有維持你的地位的權力，那你一定會失敗。

從李光耀的外交思想中，可以明確看出他是一位現實與務實
的外交工作者，他深知小國如何握有對自己有利的資源，如何從
中去創造應有的權力，如同 Browning 及 Smith 所言，國家大小不
應該被當作先天的侷限或是一種脆弱性，[25] 小國若能運用自身有利
的內外資源，維持與各國的對外關係，堅持本身發展的立場，除
了以軍事力量作為後盾以外，相信所創造出的資源一樣能成為對
外發展的有利條件。

三、李光耀對新加坡的外交作為

新加坡的國內政治是一個由中央集權的體制，決策幾乎是掌
握在核心領導層手中，而李光耀自然是最關鍵的人物，李光耀對
新加坡外交的影響力一如邊克爾・利弗所言，李光耀對權力政治
的看法奠定了新加坡對外政策的基調。[26] 李光耀是新加坡最有影響
力的外交家，新加坡在世界上擁有其他小型國家無法媲美的影響
力，這主要表現在兩個因素上面，一是國家總理的形象，二是這

25　施正鋒，〈國際政治中的小國〉，《台灣國際研究季刊》，第 13
　　卷第 4 期（2017/12/01），頁 20。

26　魏煒，〈李光耀時代的新加坡外交研究（1965–1990）〉（上海：
　　華東師範大學人文學院博士論文，2006 年），頁 43–47。

個國家所取得的成就。[27]

　　李光耀在他 42 歲那年，被迫成為新加坡建國總理，當時的新加坡人口約 200 萬，劇烈的種族與政治衝突下，社會動盪不安，人均 GDP 才 500 多美元，多數新加坡人對這個城市國家能否存活，都抱持著懷疑的態度。[28]「新加坡一定會存活下來」在記者會上，李光耀斬釘截鐵的說，他已準備好證明新加坡無法獨立生存是錯的，25 年後，1990 年，當李光耀卸任總理時，新加坡已從一個第三世界國家，躍升為第一世界的先進國家，人均 GDP 突破 10,000 美元，2015 年，新加坡慶祝獨立建國 50 週年之際，這座城市不但是亞洲的經濟巨人，也是全世界最富有、經紀最發達的國家之一，人均 GDP 已至 60,000 美元，務實的面對自己處境並調整改變才能生存，是李光耀留給新加坡最大的遺產之一。[29]

　　李光耀強調，強鄰環伺、沒有資源的新加坡，無法單獨決定自己的命運，不隨著國際大環境的變化，調整自己，根本無法生存。在國際舞台上李光耀不樹立敵人，讓新加坡超越了人口、面積的規模限制，獲得了不可忽視的國際地位和影響力，從冷戰時期至 21 世紀，周旋於美蘇及兩強之間，並且成為台海兩岸的中間人，也扮演歐洲、中東與亞洲之間的橋梁，讓李光耀個人形象與新加坡的成就雙雙贏得世人讚揚。[30]

27　同前註，頁 45。

28　〈世界上罕見的領袖李光耀〉，《天下雜誌》（2019/09/13 瀏覽），
　　https://www.cw.com.tw/article/article.action?id=5065727。

29　〈世界上罕見的領袖李光耀〉，《天下雜誌》（2019/09/14 瀏覽），
　　https://www.cw.com.tw/article/article.action?id=5065727。

30　同前註。

其次，在不樹敵的原則下，新加坡認為「權力平衡」是該國另一生存關鍵，新加坡即使在建國之初的脆弱時期，也不與任何大國結盟或建立過於密切的軍事關係，以免遭至其他大國的敵對。[31] 冷戰結束之後，新加坡認為美國仍應在東南亞保持軍事存在，除了美國長期是新加坡最大貿易夥伴之外，李光耀特別從「權力均衡」角度出發，人認為美國在亞洲對保障區域安全穩定和推動經濟增長發揮了積極的作用」，不論如何美國仍是所有強國中，維持區域穩定扮演重要角色的國家之一。[32]

李光耀常活躍於國際舞台，即使是他卸任之後，仍然與世界上許多重要政治領袖保持綿密的聯繫與往來，他出色的國際政治分析能力和外交能力也給他們留下深刻印象，例如，美國前總統雷根（Regan）說過，曾從李光耀的智慧與忠告當中獲益良多，甚至前西德總理施密特（Schmidt）也說，第一次見到李光耀，就對他留下深刻印象，因為他對全球的政治與經濟動態瞭若執掌，除此之外，他也是位英明睿智的政治家，就連包括歐美等國的政治菁英都對他有著高度的評價，可見李光耀在眾多政治領袖中所留下的深刻印象。[33]

綜合李光耀時期的對外政策來看，他本身除了是一個相當有思想與務實的政治領袖外，另外他對新加坡在區域與國際體系中的地位認知相當清楚，除了英國留學期間所接觸到的政治思想以

31　張國城，〈從現實主義中的權力觀點看新加坡的外交政策〉，《台灣國際研究季刊》，第 9 卷第 1 期（2013），頁 104。

32　同前註，頁 105–106。

33　魏煒，〈李光耀時代的新加坡外交研究（1965–1990）〉（上海：華東師範大學人文學院博士論文，2006 年），頁 46。

外，李光耀本身對國際政治的判斷與實際主義，是他讓新加坡發展出傲人成就的重要原因，其次，他也明確的知道小國在天然資源有限之下，如何創造出其他方面的資源，例如，人才、科技、工藝等，有了資源國家才擁有權力的基礎，與其他國家才能有所競爭。因此，從李光耀政治思維、外交思想和對新加坡外交的作為來說，在在都證明李光耀對新加坡外交政策的用心與付出。

貳、李顯龍時期的對外政策

　　李顯龍 1974 年畢業於英國劍橋大學，1979 年獲得美國哈佛大學甘迺迪政治學院公共行政碩士學位，回國後擔任新加坡武裝部隊參謀長兼聯合行動與策劃司長，1984 年 12 月至 1986 年 2 月擔任新加坡國防部長兼新加坡貿易與工業部政務部長，1986 年轉任新加坡貿易與工業部代理部長，同年 12 月升任貿易與工業部部長。1990 年起並擔任副總理長達 14 年之久，直至 2004 年 8 月 12 日出任新加坡第三任總理。[34]

　　李顯龍接任總理職務後，他已著手對一些關鍵領域號召改革，並為私人企業讓出更多的空間，在外交政策上承襲父親李光耀的理念，與各國維持良好的氛圍，致力加強和各國的商務貿易往來，2018 年 12 月，他對聯合國大會上通過《新加坡調解公約》解決跨國境商業糾紛方案表示贊同，並在 2019 年與 46 個國家簽

34　〈李顯龍─新加坡第三任總理〉，《百度百科》（2019/09/16 瀏覽），https://baike.baidu.com/item/%E6%9D%8E%E6%98%BE%E9%BE%99/1653595。

署協議，穩定彼此的貿易關係。[35] 雖然新加坡在李光耀時期的對外關係上已打下深厚的根基，但與李光耀時期不同的是，李顯龍與他父親在國際地位上的影響力畢竟不一樣，所處的時代背景也不同，其次是面對崛起的中國與新加坡長期密切往來的美國，在兩國之間應如何維護其三邊關係，這些都是李顯龍身為領導者在對外政策上所應面對的。

李顯龍繼承父親李光耀擔任總理之後，基本上在對外政策方面還是以穩定、利益與不樹敵原則為主要考量，新古典現實主義對外政策提到，當尋求解釋外交政策和大戰略調整時，外交政策執行者是最重要、最值得關注的行為體。[36] 所以，面對國際的諸多挑戰和機遇，領導者將基於本身的意念產生不同的反應。[37]

新加坡在國際上素有「花園城市」的封號，其實她在外交方面也相當活躍，新加坡的對外政策始終以「國家生存」為首要，其實這與領導者和新加坡民眾思維有很大的關連，新加坡領導者認為要使國家能夠生存，應該思考「本身存在的價值」與「對其他各國的重要性」，因此，新加坡的對外政策就是建立如何對他國有重要性，使新加坡的生存能符合他國的利益，讓世界各國與新加坡來往。[38] 其次是，新加坡為了求生存，除了建立強大國防自

35　〈李顯龍 Lee Hsien Loong〉，《維基百科》（2019/09/16 瀏覽），https://zh.wikipedia.org/zh-tw/%E6%9D%8E%E6%98%BE%E9%BE%99。

36　劉豐、張晨等譯，諾林・里普斯曼等著，《新古典現實主義—國際政治理論》（上海：上海人民出版社，2017），頁 60。

37　劉豐、張晨等譯，諾林・里普斯曼等著，《新古典現實主義—國際政治理論》（上海：上海人民出版社，2017），頁 60–61。

38　藍嘉祥，〈新加坡政府對中國的外交關係—以李顯龍時期為例〉，《東亞論壇季刊》，第 484 期（2014），頁 37。

主以外，另一方式就是採取不樹敵的外交政策，（此點可就李顯龍接任總理後隨即走訪東南亞各國及與中國改善關係看出）。

新加坡認為，在不樹敵的外交原則下，權力平衡是該國生存的另一關鍵，也是對區域外大國的外交指導原則，新加坡的認知是，大國在地區擁有重要的利益，想要排除大國在區域的存在是不切實際並且有害的，新加坡認為東南亞區域多數都是小國，因此，最好的辦法就是讓大國在區域存在與影響，同時新加坡也盡量鼓吹東南亞各國在處理大國關係時，盡可能遵行「權力平衡」的戰略原則。[39]

新加坡總理李顯龍在 2018 年東南亞國家協會（ASEAN）記者會上表示，美國與中國在東南亞對抗競逐影響力，對於區域國家來說是個棘手的問題，區域各國並不願選邊站。李顯龍指出，美國總統川普主政之後，改變美國昔日做法，採取「交易導向」的外交政策，亞洲國家皆在努力適應中。李顯龍說，當每個國家都在一邊的時候，比較容易不選邊站。[40] 以上談話是李顯龍在東南亞國家協會閉幕式上對與會各國所說的，從談話當中不難看出李顯龍面對中美兩強的競爭對東南亞國家所帶來的影響，他也強調區域國家必須彼此站在一起，不然容易出現選邊的問題，阻礙區域國家間的團結與發展。

美國目前仍然是國際上最主要的強權，與其他大國相較，美國不論是在政治、經濟、外交、軍事、科技、文化等各方面影響

39　同前註，頁 38。

40　〈李顯龍—美中東南亞對抗區域國家不願選邊站〉，《經濟日報》（2019/09/16 瀏覽），https://money.udn.com/money/story/10511/3483718。

力，還是處於優勢地位，就美國而言，當然希望能強化在全球各地的戰略布局，維持美國領導地位。然而，中國崛起是個國際政治的現實，美國十分在意這樣的趨勢，[41] 如何因應中國崛起，成為美國在亞太進行戰略布局的重要因素。[42] 美國如何因應中國崛起，除了牽涉到美國對自身國家安全與利益的評估，也牽動著美中關係雙邊的發展，甚至影響亞太地區及全球安全局勢的變化。[43]

　　新加坡總理李顯龍在 2019 年 5 月香格里拉亞洲安全對話上指出，美中兩國都要接受中國崛起的事實，並做出相對應的調整。[44] 李顯龍談到，「中國的發展改變了世界戰略平衡與經濟重心」，而且此種改變還在持續，中國和世界其他國家必須為這種新的現實作出調整，他說中國必須認識到，自己正處於一個自己的成功產生的全新形勢，中國不能期待別的國家以過去自己還很弱小的心態方式對待自己。[45] 李顯龍說，美國是最主要的強權，調整也最為艱難，但無論多麼艱難，美國都應打造一個新的理解，把中國

41　〈美國因應中國崛起的戰略布局〉，《台灣新社會智庫》（2019/09/17 瀏覽），http://www.taiwansig.tw/index.php/%E6%94%BF%E7%AD% 96%E5%A0%B1%E5%91%8A/%E5%85%A9%E5%B2%B8%E5%9C %8B%E9%9A%9B/6338。

42　〈美國因應中國崛起的戰略布局〉，《台灣新社會智庫》（2019/09/18 瀏覽），http://www.taiwansig.tw/index.php/%E6%94%BF%E7%AD% 96%E5%A0%B1%E5%91%8A/%E5%85%A9%E5%B2%B8%E5%9C %8B%E9%9A%9B/6338。

43　同前註。

44　〈李顯龍—美中都需要接受中國崛起並做出調整〉，《美國之音》（2019/09/18 瀏覽），https://www.voacantonese.com/a/singapore-urg es-not-to-be-forced-to-take-sides-31052019/4941187.html。

45　〈李顯龍—美中都需要接受中國崛起並做出調整〉，《美國之音》（2019/09/19 瀏覽），https://www.voacantonese.com/a/singapore-urg es-not-to-be-forced-to-take-sides-31052019/4941187.html。

的期望納入當前的規則與準則體系當中。李顯龍說，美中兩國需要相互合作，也需要與其他國家合作，讓國際體系及時更新而不是顛倒。為了實現這個目標，每個國家必須理解其他國家觀點，在相互的利益之間做出調合。[46]

　　李顯龍談到小國面對大國的處境時，小國不希望在美中兩國關係趨於緊張之際被迫選邊站，他希望兩個大國不要向小國施加壓力，他說，我回顧這段歷史，以顯示東南亞地區對大國之間的遊戲並不陌生，也對目前的戰略形勢提供一些歷史背景，在提到新加坡如何避免在強權之間做出選擇的問題時，李顯龍說，新加坡會盡力成為雙方的朋友。[47]

　　同時也強調，新加坡政府對中國的「一帶一路」和美國政府的「印太戰略」都是不偏不倚，而且是一貫的。他說，此類發展計劃和其他地區倡議合作計劃，應該都是加強地區國家之間的關係，而不是分裂的關係，這些計劃也不應該製造敵對造成國家間的裂痕加深，或是強迫國家選邊站。[48] 由李顯龍的談話當中，可以明確看出他在面對大國時的認知是以平衡為主要目的，也希望大國為區域所帶來的是利益而不是威脅，不論大國間形勢如何，李顯龍總是希望以最務實的態度面對彼此，與大國維持友善。就如同他在 2019 年香格里拉安全對話上所說的，「美中兩國都要接受中國崛起的事實」一樣。

46　同前註。

47　同前註。

48　同前註。

表 4-1　新加坡國防安全、政經環境的 SWOT 分析

		優　勢			劣　勢
內部組織因素	國防安全	1. 國防預算充足 2. 地緣位置良好 3. 與西方結盟 4. 軍隊裝備精良 5. 具有全民國防觀念	國防安全		1. 較缺乏實戰經驗 2. 軍隊人數較少 3. 出口若遭遇經濟蕭條將影響國防預算 4. 對新加坡海峽依賴度高
	政經環境	1. 穩定的政治系統 2. 經濟政策信用度高 3. 政府清廉透明 4. 罷工與抗議較少	政經環境		1. 非完全民主政體 2. 高低所得差距極大 3. 媒體與出版受限制 4. 司法公正性會受質疑
		機　會			威　脅
外部環境因素	國防安全	1. 阿富汗等戰爭提供軍隊作戰經驗 2. 與美國保持高度合作 3. 與鄰國關係良好 4. 與東協國家關係密切	國防安全		1. 經濟問題易影響國防支出 2. 身為美國盟友須承受恐怖攻擊 3. 做為美國亞洲戰略樞紐擔心激怒中國 4. 與馬來西亞空域爭議
	政經環境	1. 簽訂自貿協定屬領先地位 2. 全力發展新興產業 3. 投資環境良好	政經環境		1. 麻六甲海域易受海盜威脅 2. 出口商品會受新興國家低工資競爭

資料來源：整理自范盛保，〈小國的大戰略—新加坡途徑〉，頁 80。

第二節　面對大國的認知與挑戰

　　2017 年，美國前總統川普（Trump）上任後，首推「印太戰略」的概念，除了延伸前任歐巴馬政府的亞太政策以外，更將範圍擴大至南亞的印度，包括了印太海域的國家與政治實體，範圍

較亞太區域更廣。[49]正因為亞洲地區所展現的活力與機會，使美國方面視亞太區域的政治、經濟、安全、資源等互動列為優先考量。[50]

　　所謂亞太地區泛指東亞、東南亞及太平洋西岸的亞洲區域（含各島嶼），[51]其中的東南亞海域有著戰略上的重要性，從二戰以來美軍就利用它來維持與鞏固，新加坡又是美國在亞洲的樞紐（pivot to Asian），最佳的戰略夥伴，因而長期受到美國的重視。然而新加坡因位於歐亞大陸的邊緣地帶，一直是強國理想中占領與控制的重要地區。[52]東南亞海域所連接的麻六甲海峽又是通往著印度洋與太平洋的國際水道，可以說是亞洲、大洋洲、非洲、歐洲四大洲的海上交通要道，控制著東亞國家的能源咽喉，地理位置與軍事地位相對重要，長期以來都是國際勢力競爭與關注的焦點。

　　近幾十年來中國大陸的崛起，除了成為區域強權以外，也是美國在亞太地區的一項威脅，尤其中國在與東協國家的互動、南海爭議等態度上的堅持，這些對新加坡來說都顯示出面對大國的現實與壓力，雖然新中關係有所回溫，新加坡也盼望美國能在美中關係上持續友好，使區域國家不用在兩國之間選邊站，影響東

49　詳見：〈印太地區〉，《維基百科》（2019/04/16 瀏覽），https://zh.wikipedia.org/zh-tw/%E5%8D%B0%E5%A4%AA%E5%9C%B0%E5%8C%BA。

50　王健民、吳光中等，〈淺談美國「重返亞太」對亞太地區與我國影響之研究〉，《黃埔學報》，第 71 期（2016），頁 59。

51　同前註。

52　劉思妤、陳彥宏，〈黃金面紗下的骷髏：東南亞海盜背景與近況〉，《海安論壇》，〈民國 95 年 8 月 15 日〉，頁 3。

協國家的向心力，因為雙方關係的友好能為區域帶來和平穩定，同時也符合新加坡的生存利益。[53]

　　新加坡決策者在經歷過南海議題、戰車遭扣事件後，深切體認新加坡的最大國家利益就是在面對美中兩強保持平衡，做到左右逢源，以小國的智慧去鋪設一道對外橋梁，使美中新三國都可受益，而不會出現選邊站的問題。以下將針對新加坡面對美中兩大國的認知及挑戰作一說明：

壹、面對美國的認知與挑戰

　　1966 年獨立後的新加坡，雖將美國視為東南亞的政治穩定因素，及新加坡經濟發展上的重要依靠力量，但當時新加坡也不過度開罪蘇聯，[54] 始終以友善因應。新加坡即使是在建國之初，依其本身認知乃是不與任何大國結盟，或是建立緊密的軍事關係，避免遭致其他大國的敵對。[55] 對新加坡來說，美國是善意的強權，20 世紀 70 年代以來，新加坡在美國的軍事庇護下，維持了本身安全與經濟的迅速發展。由於美國不與東南亞區域存在領土爭議，也不存在較多的意識形態與歷史問題，使其易於得到區域國家接受。除了可提供公共服務外，又能維持穩定及促進經濟繁榮，[56] 可

53　〈新加坡需要中美友好關係〉，《亞洲週刊》（2019/03/15 瀏覽），http://yzzk.com/cfm/content_archive.cfm?id=1508989875181&docissue=2017-44。

54　張國城，〈從現實主義中的權力觀點看新加坡的外交政策〉，《台灣國際研究季刊》，第 9 卷第 1 期（2013），頁 105。

55　同前註。

56　〈新加坡對外政策走向評析〉，《中國共產黨新聞網》（2019/03/16 瀏覽），http://cpc.people.com.cn/BIG5/n/2015/0922/c191095-27618288.html。

說是貢獻甚多。

　　新加坡因是東南亞唯一以華人為主的國家，周邊都被以伊斯蘭宗教國家包圍，例如馬來西亞、印尼等，甚至是被這些不同種族宗教國家所敵視。因此，為求自保不得不依靠強權的維護，為了新加坡的繁榮進步及區域間的和平穩定，新加坡認知到若與區域外大國可能對新加坡的控制相比，強鄰對新加坡構成的威脅將更加嚴重。[57] 若有美國的軍事存在便可產生威攝的作用，對自身及區域都好，並且確保新加坡的安定繁榮。

　　因此，新加坡除了希望美國軍力常駐，也樂於接受美國這個善意的強權，新加坡早期的認知是，美國是一支具備意志與力量的強權，不但能有效防止共產勢力在東南亞的擴張，又能對區域的經濟發展形成穩定發揮積極作用，雖然冷戰結束後兩國在人權、民主上仍有分歧，但新加坡認為美國留在亞洲實際上還是利大於弊的。

　　現實主義認為國際社會是一種無政府的狀態，小國在國際社會中為了增進本國利益，維護自身安全與獨立，可透過與大國形成「利害關係」的方式取得，此種方式通常會有以下幾點：[58]

　　　1. 正向發展：小國在與大國互動時，若是能清楚認知小國對大國的重要，對大國來說是有利或有用的時候，大國會較願意與該小國尋求合作。例如新加坡在東南亞的經濟發展超越周邊國家、軍事力量也有相當的實力，國內政治穩定，又是東協組織重要成員等。

57　同前註。

58　胡振軒，〈小國外交政策之研究─以冷戰時期新加坡為例〉（台北：台灣師範大學政治研究所碩士論文，99 年），頁 47。

2. 區域分量：對大國來說，在區域的存在有助於區域穩定
   以外，也是對區域的權力象徵，新加坡有東協組織、東
   亞峰會、亞太區域組織等重要國際組織平台，在區域的
   分量不容小覷。

3. 政經穩定：新加坡是亞洲政經發展亮眼且相對穩定的國
   家，西方大企業都以此為基地。同時也是多元種族發展
   平衡的國家，因融合了多元文化又是英語系國家，自然
   容易接受西方強權。

4. 自我克制：若是小國由於資源與國力上的限制，易在國家
   互動中成為較弱的一方，因此小國宜懂得自我克制，避免
   引發大國對自己產生敵意或不友善的態度。

以上幾點乃小國與大國間的一種利害關係，相對的也是小國
在與大國互動中本身的一種認知，小國在面對大國時，能讓大國
對自己產生有利或有用的認知，間接的會讓小國的權力與國家利
益得到增加。[59] 除此之外，另一方面新加坡也認為，唯有奉行大國
平衡政策來得到更可靠的保障，這樣對小國才有利。此種原因有
以下幾點說明：

1. 大國平衡有助於新加坡實現利益最大化，新加坡一方面靠
   美國保護，但也與其維持一定的距離，並未與美國訂立同
   盟的條約，新加坡的用意是避免區域國家倒向某一大國，
   形成一種相互選擇造成的對立。新加坡支持各大國介入
   東南亞地區事務，反對單一大國獨霸，幾個大國相互競
   爭平衡，總比依靠一個大國好。[60] 其次，新加坡認為大國

59　同前註。

60　〈新加坡對外政策走向評析〉，《中國共產黨新聞網》（2019/03/16
　　瀏覽），http://cpc.people.com.cn/BIG5/n/2015/0922/c191095-2761828
　　8.html。

平衡較可防止由一個國家完全主導，[61] 若是大國間彼此相互平衡，這樣新加坡就能扮演大國間的橋梁角色，一來增進較多的外交籌碼，二是降低單一大國獨霸受其影響。因此在新加坡認為，幾個大國在區域相互平衡形成競爭，這樣將對有助於區域的均衡力量，並實現新加坡利益最大化。

2. 當前新加坡在美中間尋求大國平衡，面對近來中國的快速崛起，新加坡希望除了美國之外，能有其他大國介入東南亞地區事務，平衡中國不斷上升的影響力。[62]

3. 新加坡的平衡外交與經濟外交密切相關，共同服務於國家生存和安全戰略，在經濟全球化的背景之下，即使是國際政治中的大國，也不盡然只依靠軍事手段來維護國家安全。國家間會實行綜合性安全政策，「經濟外交」就有可能被用來當作追求國家利益的手段，用於追求政治安全上的目的與依靠。[63] 對新加坡來說，為了彌補先天的生存困境，經濟外交是突破困境的最好方式，也是與大國往來的寶貴資源，從經濟利益出發，才能發揮新加坡各項對外政策的優勢。

　　新加坡對美國在亞洲地區的存在有正面看待的認知以外，另對大國間相互的平衡友好，也會為新加坡與區域帶來正向的效應，除了面對大國的認知以外，其在挑戰上，個人認為將有以下幾點：

61　同前註。

62　同前註。

63　〈均勢與和諧─新加坡小國大外交〉，《鳳凰網》（2019/03/17 瀏覽），http://news.ifeng.com/history/shijieshi/special/shuangmianliguangyao/detail_2013_06/20/26625620_1.shtml

1. 美國長期以來與新加坡關係友好，新加坡甚至提供軍事基地供其使用，不免給周邊國家或是中國一種新美緊密夥伴關係的聯想。

2. 除了美國將東南亞視為重要區域以外，近年來日本也積極劍指該區域，由於日本在東南亞一直擁有傳統利益，又是能源與物資進口的重要航線，與美國甚至有戰略夥伴關係，除與中國互別苗頭外，也加強與新加坡的友好關係，但中日間畢竟有歷史情仇存在，若新日關係過於緊密，是否引發中國的顧忌。

3. 新加坡以東協一體化看待東協各國的友好合作，但因東南亞政治環境的複雜，面對區域一體化議題若不甚一致；或是由單一大國主導區域，這些將會增添新加坡面對區域關係上的挑戰。

4. 美國拜登政府就任以來，在印太戰略上的關心程度，似乎大過東南亞方面，雖然指派副總統賀錦麗、國務卿布林肯與防長奧斯汀等人相繼訪問並與東南亞多次互動，但不免使新加坡及各國領袖對於美國在對待東南亞事務上及區域的影響力上產生不確定性。

5. 前任總統川普在美中貿易戰的對抗及對東南亞諸國破壞性的外交政策，已嚴重殃及東南亞各國，也造成新加坡在經濟、直接關稅、供應鏈與股市等影響和衝擊，拜登政府未來是否能加以改善，尋求與東南亞國家互動，這些對新加坡與東南亞各國而言，都需要時間去驗證。

6. 美國是新加坡的主要安全合作對象，也是新加坡最大的投資國，中國則是新加坡最大出口市場，新加坡期待拜登政府與中國的關係儘可能正面的發展，不要製造僵局或對立，間接影響區域的穩定。

　　以上幾點為個人對於新加坡面對大國挑戰時的觀察，雖然新美關係一直以來都是穩定發展，但國際政治是權力與必然性的領域，現在又因中國在區域的崛起，美國方面不得不有所表示，另對新加坡而言，中國是否與美國一樣也是善意的強權，或是一個不安穩的隱藏強權，這些都對新加坡或區域帶來影響，也攸關新、美、中等三國的關係發展。

貳、面對中國的認知與挑戰

　　新加坡是一個受西方主流價值影響甚巨的國家，面對世界中心不斷向東方轉移，中國的逐漸崛起，新加坡人表示受到了極大的衝擊。[64] 新加坡 2017 年 9 月 3 日《聯合早報》刊載以題為〈中國崛起的情結〉一文，指出了新加坡長期因習慣以西方世界為定位來想像自己，如今必須轉彎思考應以「如何自處越來越以中國為中心的世界」，相信這對新加坡來說，應該衝擊一定不小。[65]

　　中國因崛起腳步的迅速，引發新加坡與東南亞國家對它的關注和在對外政策上的調整，中國積極與周邊國家簽訂自由貿易協定（Free Trade Agreememt or Arrangement，FTA）及區域貿易協定（Regional Trade Agreement or Arrangement，RTA），包括與香

64　由於新加坡深受西方主流價值影響深厚，又長期接受英國的治理，自然形成以西方觀點看待中國崛起所帶來的衝擊，亦許中國的崛起或許可為區域帶來平衡與繁榮，但一件事情必有正負兩種影響，從西方的觀點或是從中國本身的觀點，兩造也許都會出現各自不同出入，但本文盡可能以較客觀的立場來分析，試圖找出新加坡面對中國的認知與挑戰。

65　〈中國已成世界中心 — 新加坡成巨大衝擊〉，《多維新聞》（2019/03/17 瀏覽），http://news.dwnews.com/global/big5/news/2017-09-03/60010462.html。

港、澳門簽署 CEPA，與巴基斯坦、東協、智利等簽署 FTA，同時也不斷推動各種政治、經濟等領域的國際合作協議，拓展跨區域範圍的經貿合作磋商，壯大自身在國際社會的影響力，提高在東亞區域中的發展主導力，成為區域或跨區域的主要中心。[66]

中國曾公開表示，要以負責任的態度來參與國際或區域的經濟政策，尋求公平合理的新秩序，試圖利用市場腹地潛力和國際政治地位（聯合國常任國），以及本身所提出的新安全觀（New Security Concept），結合硬軟等要素，提升影響力來達到改變國際秩序的目的。[67]

新加坡總理李顯龍 2018 年 3 月 13 日出席尤索夫伊薩東南亞研究院 50 週年紀念活動時指出，中國大陸和印度等大國日益擴大的影響力已伸向東南亞。[68] 各國身處此種拉鋸戰中，感受特別不同。國際戰略重心已出現新的變化，若要保持東協在東南亞的核心戰略地位，彼此間應更團結打造堅強的東協共同體。[69] 由李顯龍的談話當中，明顯感覺出新加坡對中國在區域及世界的影響力正漸漸擴大，研究中國外交與國際關係的美國維吉尼亞大學教授沃馬克（Brantly Womack）在談到西方世界如何看待中國時曾說，西方國家對中國的焦慮感，很大程度上揭露了他們對自身處境的不

66　高長、吳瑟致等，〈中國崛起對區域主義的影響〉，《遠景基金會季刊》，第 10 卷第 2 期（2009/04），頁 23–24。

67　同前註，頁 19。

68　〈新加坡李顯龍總理認為大國影響力日益擴大，東協應團結以保持核心戰略地位〉，《台灣經貿網》（2019/03/18 瀏覽），https://info.taiwantrade.com/biznews。

69　同前註。

確定性和不安，這樣的論點相信也能套用在新加坡的身上，[70] 由此可見，新加坡對中國崛起的一種認知與處境。

2021 年 3 月李顯龍接受 BBC 節目專訪時表示，「對於中國現在走的路，以及這是否對新加坡有利，外界存有很大的不確定性和憂慮」。李顯龍認為，中國的政治方向引發了與世界大小國家的緊張關係。[71]

中國的崛起對新加坡在大國平衡政策上絕對是促進區域的平衡發展，在政治經貿發展上也有正面的效應，同時新加坡也希望中美兩大國各自在區域，相互維持友好關係讓區域國家不要選邊站，不因雙方爭霸而遭受波及，[72] 新加坡希望兩大國的存在是能為新加坡及區域帶來正向利益，創造新加坡的存在價值，讓新加坡與區域能藉此穩定平衡的發展下去。因此，新加坡對中國的戰略看法大致歸納以下三點：[73]

1. 中國經濟發展快速，新加坡希望利用本身的經驗和管理能力，能成為中國在發展過程中，所需要的顧問或是諮詢者，新加坡曾經在中國投資設立蘇州工業園區與天津生態城，也是中國改革開放時外資來源之一，對新加坡發現

70　〈中國已成世界中心—新加坡成巨大衝擊〉，《多維新聞》（2019/03/18 瀏覽），http://news.dwnews.com/global/big5/news/2017-09-03/60010462.html。

71　〈美中關係將更緊繃，新加坡無法選邊站〉，《天下雜誌》（2021/09/08 瀏覽），https://www.cw.com.tw/article/5110009。

72　〈新加坡需要中美友好關係〉，《亞洲週刊》（2019/03/18 瀏覽），http://yzzk.com/cfm/content_archive.cfm?id=1508989875181&docissue=2017-44。

73　張國城，〈從現實主義中的權力觀點看新加坡的外交政策〉，《台灣國際研究季刊》，第 9 卷第 1 期（2013），頁 106–107。

中國資金充裕，外資已不是首要發展條件，新加坡本身製造業在中國內地不具有發展優勢，因此沒有完全倒向中國的疑慮，另將主要市場和生產基地放在中國，也無「華人國家」的特殊身分，希望中國讓利或是給予優惠。而新加的認知是積極發現中國所需要的東西，再與中國探討新的合作可能。

2. 新加坡對中國的外交目的之一是希望藉由中國對新加坡的重視，突顯新加坡在國際與區域地位的重要，因此期盼雙方領導人經常性往訪，建立和諧穩定的新中關係，也不辜負從建國總理李光耀時期所打下的基礎。

3. 新加坡希望透過與中國的關係，展現新加坡外交的獨立性和重要性，新加坡認知到小國在國際地位的分量不比大國來的大，所以藉由與大國關係的維護，可平衡區域穩定以外，又能凸顯新加坡在區域中的地位，因此不論如何新加坡都需要鞏固與維持好與大國的關係，避免關係不佳因而造成利益或區域的損害。

一份標題〈中國崛起─新加坡的看法〉，其中援引一個例子，就是中美同意擴大軍事交流與科學接觸，但由於美國國防部一向遵循《國防授權法案》的基本立場，礙於可能導致美國作戰計畫與布署等資料外洩，而對雙邊接觸交流的計畫大相逕庭。[74]但新加坡國防部長黃永宏卻認為，中國崛起是個既定的事實，如今中國是個全球性大國，他的抱負與力量、規模等皆需要外界適應，面對這樣的新現實，人人須作出調整。[75]

74　請參考：〈面對中國崛起─新加坡選擇兼顧中美〉，《中華人民共和國國務院新聞辦公室》（2019/03/18 瀏覽），https://www.scio.gov.cn/37259/Document/1595753/1595753.htm。

75　同前註。

　　儘管新加坡與美國有著密切的軍事關係，但新加坡認為毫無必要為了地區領土爭端的事情選邊站，並表示在南海等領土問題爭議上涉及到多方考量，此外他認為亞洲在許多方面尤其是經濟部分應該感謝中國，因為是中國使該地區擺脫了全球金融危機最壞的衝擊。[76] 新加坡雖是華人居多的國家，但她卻以西方主流價值為主體，從新加坡國防部長的談話表達中，可清楚看出新加坡對中國崛起雖有顧慮，但還是以正面的角度看待，甚至是表示接受。

　　中國問題專家，普林斯頓大學政治學博士鄭永年在《中國崛起：重估亞洲價值觀》一書中強調中國發展道路和中國制度的中國特色，雖然中國的發展和制度有其特殊性的一面，但不能否認也有普遍性的一面，中國本身是一個主體，中國成功的故事裡面包含了本身的創新，也包含了向其他國家學習的經驗，中國即向美國學習也向新加坡學習。[77]

　　作為今日東亞最大國家，中國經驗與東亞其他國家和地區的經驗更具有相關性，可以說，中國的發展故事不僅僅是中國的，也是亞洲的。[78] 然而以新加坡長期受西方制度影響下的思維邏輯，面對中美兩大國（東方與西方）間的差異，如何兼顧平衡而不損害自己利益，這也是新加坡要面對與學習的。

　　2016 年 7 月，南海仲裁案公布以來，圍繞在南中國海的相關利益方一場激烈爭論。在這段期間，作為曾被鄧小平點名學習的

76　同前註。

77　〈中國崛起：重估亞洲價值觀〉，《鉅亨網新聞》（2019/03/18 瀏覽），https://news.cnyes.com/news/id/254083

78　同前註。

國家新加坡，因在南海問題上表態而與北京發生齟齬，[79] 新加坡並非南海議題聲鎖國，但卻在仲裁結果出爐後進行對結果的支持。為何新加坡與中國會在南海問題上有激烈的爭論，中國方面認為新加坡既非南海仲裁案的聲索國，為何要針對此一議題表示立場，因為新加坡很清楚的認知南海是中國的核心利益所在，新加坡學者也指出，南海不但是中國的核心利益，南海也是新加坡的利益所在，為何這麼說呢？主要原因有三：[80]

1. 新加坡是全球最繁忙的港口之一，也是亞洲主要的轉口港，對外貿易總額是 GDP 的三倍，航運和貿易是新加坡經濟賴以生存的生命線，確保這一航線的自由暢通與商業貿易安全是新加坡的核心利益。

2. 目前新加坡、中國與東協三角關係並不穩固，新加坡的認知是對新加坡這個世界上的小國家來說，東協是她可以維護自己利益的團體，也是可以集體發聲的平台，所以新加坡特別重視東協這個組織，但新加坡也擔心中國會透過團結部分東協國家來分化東協。

3. 小國與大國核心利益最為衝突的一點，如同新加坡總理李顯龍所說，小國唯一能與大國平等對話溝通談判的時機就是依靠「國際法」，新加坡是個小國，清楚知道不願依靠在一個強權與武力支配的世界中生活，希望各國能在一個國際制度的規範下進行合作與磋商。新加坡方面尊重南海是中國的核心利益，但也希

79　〈新加坡學者：南海也是新加坡核心利益〉，《南洋視界》（2019/09/20 瀏覽），http://news.nanyangpost.com/2016/11/3_3.html。

80　〈新加坡學者：南海也是新加坡核心利益〉，《南洋視界》（2019/09/21 瀏覽），http://news.nanyangpost.com/2016/11/3_3.html。

望中國能從新加坡的角度體認到新加坡為何在南海問題上再次的提到國際法與有約束力的第三方調解，對中國來說，南海固然很重要，但對新加坡而言，維護南海利益及其航道的安全順暢不也有著特殊的戰略意義。

美國著名軍事家阿爾弗雷德‧塞耶‧馬漢（Alfred Thayer Mahan）曾在《海權論》一書中提到，「海洋是條海上通路」。自古以來，能擁有海洋的國家在發展海上經貿上都能無往不利，英美國家也因重視海權使其國力上升成為海上強權。然而，位於東南亞海上咽喉的新加坡，海上利益自然的也是她寶貴的資源命脈。因此從南海問題上新加坡認知到面對大國的隨心所欲，小國真正能依靠的就是國際法了《聯合國海洋公約法》，也希望尊重法律的國家越多越好。

南海總面積 350 萬平方公里，很多的國際關係學者與專家們指出，南海爭議的焦點並非只是在於一些無人居住的島嶼，或是周圍有限的漁業資源、蘊藏量豐厚的石油而已，背後最大的因素則是逐漸崛起的中國，與長期主導國際政治經濟秩序的美國彼此間的矛盾所引發的角力。[81] 南海的豐富資源與戰略重要性，[82] 是美國積極推動與區域內國家合作的要素，所以，圍堵中國成了美國為首的西方國家自然選擇。

新加坡面對中國，很清楚的認知到身為一個小國自己的利益在哪，新加坡的地理位置就是本身在發展國際關係上的有利籌

81　〈透視中國，南海爭議和國際新秩序〉，《BBC 新聞網》（2019/03/20 瀏覽），https://www.bbc.com/zhongwen/trad/indepth/2016/07/160713_ focusonchina_southchinaseaverdict。

82　Marlay, Ross. 1997. "China, the Philippines, and the Spratly Islands," *Asian Affairs* Vol. 23 No. 4 (Winter), pp.194－205.

碼,也是長期以來能勇敢對中國表達意見的主因,雖然新中之間不時仍有一些磨擦,南海爭議也隨著菲律賓與中國關係的改善而趨向緩和,但新加坡在南海議題上似乎讓北京認為傾向美國而造成不悅,另外,中國也認為新加坡的戰略位置對美國越來越重要,因而導致北京方面的猜忌,[83] 造成彼此的心結。

　　北京在亞洲戰略中的布局,極力加強與大馬和菲律賓的關係,對新加坡來說已產生一種隱形的制衡,[84] 例如對大馬的皇京港投資來取代新加坡馬六甲的角色、南海島礁的擴建、美國對東南亞區域立場維護的堅持等,這些都對新加坡構成極大的威脅與挑戰。然而過去一直與美國關係友好的菲律賓,自從杜特爾蒂總統上任後,也一改昔日親美政策改向中國示好。[85] 使得當年美國仰賴菲律賓的亞太戰略基地移轉至新加坡身上,間接造成新中關係的嫌隙。雖然兩國的關係現有改善緩和,新加坡也認知到在大國間維持平衡,才是真正符合自己的國家利益也讓區域受惠,但國際政治畢竟是現實的角力場,新加坡面對中國將有些什麼挑戰,以下是作者提出幾點各人的看法:

1. 中國對大馬皇京港的投資興建,將造成新加坡在麻六甲海域的戰略位置被削減。

2. 新加坡是東協創始國之一,也為東協及區域的和平共存付出貢獻心力,這些都是新加坡與南海的間接利益所在,中國若在南海擴建島礁或是軍演,對新加坡在東協的立

83　〈新加坡需要中美友好關係〉,《亞洲週刊》(2019/03/20 瀏覽),http://yzzk.com/cfm/content_archive.cfm?id=1508989875181&docissue=2017-44。

84　同前註。

85　同前註。

場、船隻自由航行將受其影響。

3. 新加坡希望透過東協國家團結一致向中國施加壓力，但隨著菲律賓與區域內一些國家對中國的關係緊密友好，不免造成新加坡對區域國家團結性形成挑戰。[86]

4. 美國總統拜登上任以來，反映了美國在區域的新作為方式，使得新加坡的不安全感上升，一是擔心未來承擔來自中國的戰略壓力，二是擔心美國是否有強烈意願承擔地區領導義務。[87]

5. 日本因各項能源貨物皆要經東南亞水域運送，使東南亞水域為日本經貿利益所在。近些年來除積極與東協發展關係外，更加強與新加坡間的雙邊往來，若新日關係過於緊密恐引發北京方面的關注。

6. 2015 年中國與泰國已就興建克拉克運河，在廣州簽訂備忘錄，這條長約 102 公里，寬度達 400 公尺的運河若建成，將縮短船隻經由麻六甲水域 2–5 天時間，對新加坡方面來說影響不小，也是在地緣戰略與經貿上一項重大挑戰。

7. 中國的影響力日漸提升，對於東南亞地區所展開的投射力道信心增強，顯然已成為東南亞分不開的一股形勢力量，這對新加坡來說，中國在區域日漸的壯大，透過全面經濟夥伴協定（RECP）或一帶一路建設對東協國家掌握主控優勢，是否未來成為區域的話語主導者，將是新加坡所需要面對因應的。

以上幾點歸納乃新加坡面對中國時所遭遇的認知與挑戰，由

86　〈菲律賓向左、新加坡向右〉，《天下雜誌》（2019/03/20 瀏覽），
　　https://www.cw.com.tw/article/article.action?id=5079109。

87　同前註。

於身處重要地緣位置的新加坡一貫認為,大國間的競爭狀態緊張是正常的,可以給小國提供戰略機遇。只有兩大國的相互平衡狀態下,區域小國也才能維持平等。[88] 一旦某個大國成為地區主導,地區政治結構將出現變化,容易造成小國選邊站,這樣的情況較不利區域團結且易出現分歧,小國也自然受其大國控制。

面對崛起中的大國,不論是大國或小國都應有所作為,以有效因應外部環境的改變。[89] 正因為新加坡面對大國懂得巧妙運用平衡的藝術,在大國間站穩對自己有利的位置,推動中美關係穩定友好避免零和遊戲,使大家都能獲益並使自己在地區、國際舞台及全球金融方面扮演獨特重要角色。

表 4-2　高壓強勢理論

對　　象	小　　國	大　　國
小國追求控制對象國	A:多邊主義	B:多邊主義
大國追求控制對象國	C:雙邊主義	D:多邊主義

A:因為小國通常較無力量可以控制他國,因此只能依靠多邊主義
B:只有在多邊主義架構下,小國可以得到提出意見的權力
C:大國較能發揮自己的優勢來控制
D:大國可能有力量控制其他大國,但代價較高,並因此需要交涉與讓步
資料來源:引自宇都宮溪(Kei Utsunomiya),〈東協在大國參與區域整合後之多邊主義策略〉,頁126。

88　周舟,〈東南亞地緣政治大變化—新加坡前景堪憂〉,《時政評論》(2019/03/21 瀏覽),https://read01.com/zh-tw/Ed5GgG.html#.XJMCg7EVGpp。

89　〈東亞國家如何在南海議題上避險〉,《洞見國際事務評論》(2019/03/22 瀏覽),http://www.insight-post.tw/editor-pick/asia-pacific-strategy/20120731/36。

第三節　新加坡的生存策略

　　1965 年獨立後的新加坡，充分發揮地理優勢與善用自身有利的條件，在經過 50 多年的不斷努力，建設成一個全球進步發展的國家。就國際政治來說新加坡雖是一個小國，但她卻懂得對內累積資源，對外友好和睦，憑藉著小國大智慧的作為，運用有利於自己的生存策略。

　　畢竟新加坡的國土面積狹小，但有著地理位置的先天優勢，她鄰近的麻六甲海峽，正好控制該水域的咽喉，就貿易或是戰略的角度而言，地位相當重要。[90] 這樣的地理優勢使得新加坡必須慎重的面對區域各國以及如何找到與大國間的戰略平衡。因此，至今新加坡的對外政策一直是以「生存」作為最大考量。有鑑於此，本節將就新加坡的生存策略做一敘述，以期進一步瞭解新加坡的生存模式。

壹、新加坡生存內涵

　　新加坡的生存策略在其內涵上分為幾種，一是政治方面，新加坡強調菁英治國，積極培育人才並加強人民行動黨的建設、實行種族平等、宗教寬容等政策，促進國內各種族的團結和融合，

90　地緣戰略學是國際關係中最具重要的戰略理論，《海權論》的代表馬漢，其經典著作是 1890 年出版《海權對歷史的影響》，（Influence of The Sea Power Upon History 1660–1783）。馬漢認為透過海洋尋求權力較通過陸路更為明智的理由是經濟，而關鍵則是運輸，因為陸權所依靠的陸上運輸體系，無論從商業或是戰略的觀點都不足以與海上運動相競爭，他在論述構成海權的第一個因素：「地理位置」時就特別強調海洋運輸的優勢，這也是馬漢《海權論》最重要推論的依據。轉述自：羅慶生，〈地緣戰略理論的回顧與前瞻〉，頁 6–7。

實施共同價值觀以促進新加坡國民意識，追求團結、和諧與穩定的政治局面。

新加坡前總理李光耀曾說，「新加坡的生存靠政治穩定、靠官員的廉潔與效率，新加坡政府反覆的告誡國民，新加坡人民必須團結、忠誠、艱苦樸實，才能世世代代的永續生存下去。」[91]

二是經濟方面，以科學技術進步為導向，通過實現工業化及現代化來促進經濟發展與社會發展，1968 年新加坡成立了科學技術部，強調科學技術的重要，由於早期接受西方科學技術及英語的普及，使得新加坡在這方面能快捷、順利的走向現代化社會。[92] 其三是軍事安全部分，新加坡在軍事安全上建立一支高素質、裝備精良與戰鬥力強的軍隊，加強與英國、馬來西亞、澳洲、新西蘭等國家的合作，建立五國聯防。在區域上積極爭取美國的軍事存在，尋求安全空間。四是外交方面，新加坡實施睦鄰友好政策，推動區域合作及不結盟的中立對外政策，尋求大國間的平

91　劉少華，〈新加坡的生存政策與對外關係〉，《世界歷史》（2019/09/20 瀏覽），http://dushu.qiuzao.com/s/shijieshi/LS20000000K5/LS20000000K5114.html。

92　劉少華，〈新加坡的生存政策與對外關係〉，《世界歷史》（2019/09/21 瀏覽），http://dushu.qiuzao.com/s/shijieshi/LS20000000K5/LS20000000K5114.html。

衡，[93] 為自己的生存發展創造外部條件。[94]

　　從新加坡「生存政策」內涵當中可以看出，生存政策目標的明確性，如同新加坡學者所述，新加坡的生存政策有一個單一的目標，即新加坡的社會與經濟發展，其他的一切都是在為這個目標所服務。但新加坡在推行生存策略中並非一帆風順，而是經歷了各種的困難與挑戰，首先面對的是國內問題與鄰國的關係，以新加坡這樣的小國，內部的種族、語言、文化和宗教等多元化的情況，在世界上其他國家相比是罕見的，彼此間的差異，容易產生相互的衝突，新加坡國內問題也常造成與周邊國家的爭端，甚至引發鄰國的干涉，其次，新加坡居民以華人為主體，與周邊國家所實行的極端反華政策形成對比，它們對新加坡的一舉一動都處於戒備狀態，在毫無任何資源的情況之下，新加坡發展經濟所需的原料、資金、技術等均需仰賴國際市場，然而，面對這些困境，新加坡逐一解決這些問題，由實踐證明，新加坡在「生存政

93　大國對國際秩序做出第一個或最重要的貢獻，就是處理相互之間的關係，大國這項舉動在國際社會當中普遍得到認同，它是眾多國家願意認可大國有此種特殊的權利與義務之前提。
原文："The first and cardinal contrbution of the great powers to international order is to manage their relations with one another. It is this function that they prrform in relation to international order that is most widely recognised in international society at large, and which provides the basia of the willingness of other states to accept the notion of the special rights and duties of great powers."
參見：Hedley, Bull, *The Anarchical Society a Study of Order in World politics*（Beijing: Beijing University Press, 2007），p.201.

94　劉少華，〈新加坡的生存政策與對外關係〉，《世界歷史》（2019/09/21 瀏覽），http://dushu.qiuzao.com/s/shijieshi/LS20000000 K5/LS20 000000K5114.html。

策」上取的了重大的成功。[95]

　　美國學者弗朗西斯・福山從分析西方殖民主義之後非西方
國家能力低下的原因切入,提出一個秩序良好的社會需具備強政
府、法治和民主等三個基本要素,在福山看來,政治發展的順序
十分重要,在進入現代化轉型之後,應先建立強勢政府,而非民
主制度,在尚未建立有效統治能力之前就推行民主化的政府無一
例外即遭受失敗,其實福山的這一觀點很大程度上已為後發展國
家,尤其是新加坡的政治發展有所印證。[96]

　　然而,當我們在分析新加坡生存政策之時,可以清楚發現一
道重要的特徵,在新加坡生存政策內涵的各方面之間,有一條緊
密相連的內部樞紐,它既是「生存政策」內涵各個方面密切聯繫
起來,又是「生存政策」取得成功的重要支撐與保障,這一樞紐
也就是新加坡的外交政策及因此而開創的「對外關係」。[97]

貳、新加坡生存與對外關係

　　對新加坡而言,「生存」(survive)是必要的條件,因此,
新加坡的對外政策是和平、中立與不結盟,其對外政策的基本目
的是維護新加坡的生存、獨立與安全。促進新加坡的社會與經濟
繁榮,實踐證明,新加坡的對外政策是正確、明智、務實的政

95　同前註。

96　李路曲、張飛龍,〈新加坡國家治理的特色與啟示〉,《中國共
　　產黨新聞網》(2019/09/23 瀏覽),http://cpc.people.com.cn/BIG5/
　　n/2015/0804/c191095-27410105.html。

97　劉少華,〈新加坡的生存政策與對外關係〉,《世界歷史》(2019/
　　09/21 瀏覽),http://dushu.qiuzao.com/s/shijieshi/LS20000000 K5/LS2
　　0000000K5114.html。

策，在此種政策基礎上，新加坡發展了良好的對外關係與國際環境。[98]

Waltz 將國際體系定義為由結構和互動單元組成的集合：「國際政治體系如同經濟市場，由利己主義的單元互動而成，國際結構依據一個時期內的首要政治單元來定義，這些政治單元是城邦國家、帝國或是民族國家。結構源於國家的共存，沒有任何一個國家願意參與組建一個會使它自己和其他國家受到約束的結構體系。就像利己主義者組成的經濟市場，國際政治體系是自發的、無意識形成的。」[99]新加坡的生存模式也關係著她的對外發展，根據新加坡對外關係可從三個層次來分析：[100]

> 第一、實行睦鄰友好：新加坡從建國初期就採取不樹敵的一貫原則，因此，如何改善並維護與鄰國馬來西亞、印尼的關係至為重要，由於新加坡境內以華人為主體，在與馬來人為主的馬來西亞和印度尼西亞格格不入，為免該兩國認為新加坡是中國的擴張，當初反華反共的馬來西亞與印尼，決不容許第三個中國在身邊存在，它們不但威脅新加坡的安全，也影響新加坡的對外政策。因此，新加坡必須與鄰國政府維持好關係，同時也要和它們人民維持好關係，這樣在區域才有生存的把握與地位。
>
> 第二、東南亞區域部分：新加坡一向主張區域合作，落實區域的穩定，新加坡的生存發展，首先就是要有賴於東南亞區

98　同前註。

99　劉豐、張晨等譯，諾林·里普斯曼等著，《新古典現實主義—國際政治理論》（上海：上海人民出版社，2017），頁 35。

100　劉少華，〈新加坡的生存政策與對外關係〉，《世界歷史》（2019/09/23 瀏覽），http://dushu.qiuzao.com/s/shijieshi/LS20000000 K5/LS20000000K5114.html。

域的和平穩定，其中對東南亞的外交政策有兩個方面，一方面是同所有東南亞各國的雙邊關係，加強雙邊發展與合作。另一方面也是促進東南亞地區的共同合作，這也是新加坡重要的對外關係，早在 1960 年代初，東南亞一些國家就開始發展從事地區聯盟，實現區域合作的活動，事實上，就長遠來看，東南亞一些小國家若能結成區域聯盟，再由二、三個超級大國稱霸的世界上維持其獨立存在的唯一辦法。因此，東南亞各國應建立區域聯盟，實踐區域友好合作，使其在政治、經濟等各方面容和成一個統一的整體，新加坡必須融入這一整體之中，依靠、利用其整體優勢，維護新加坡的生存和發展。

第三、維持世界各國良好關係：新加坡深知小國要想求生存，必須在世界主要大國間實行平衡外交，同時借重美國、中國或日本等國家，彼此制衡並依賴國際局勢的均衡力量以求取穩定及生存。因此，新加坡為求生存就必須以「不樹敵」的原則，與世界各國維持良好關係。另外，新加坡主張實行中立、不結盟的對外政策，李光耀曾指出，「東南亞維持和平與安全最好的方法是，大國之間都同意東南亞成為中立區，不利用該地區較小的國家來拓展自己的勢力，同時保證每一個小國的完整且不受到侵犯。」新加坡認為，東南亞各國的獨立與發展，既需要區域內各國的團結合作，更需要大國的支持與保證，在大國之間實行平衡外交，這樣對區域的穩定才有助益。

從上述三個層次中，可以清楚了解到，新加坡在生存對外關係上的作為，基本上，新加坡除了本身與鄰國維持良好關係之外，也積極與世界各國拓展對外關係，除此之外，更是致力於區域的團結與穩定，奉行大國平衡政策，讓大國相互制衡，藉由大

國間平衡的力量，以求取本身及區域的安全發展。

　　另外，冷戰結束以來，由於國際情勢的變化性增加，國際關係學界也漸漸的重視有關避險方面的探討，小國除了與周邊各國維持良好關係之外，透過大國間的相互制衡，但如何與大國維持平衡關係，又不受制於某個大國，這樣的做法也是值得學界探討研究。Patricia A. Weitsman 在提到聯盟的論述時，也指出所謂的「避險聯盟」一詞，主要目的就是小國如何在「抗衡」與「扈從」之間尋求平衡的一種混合策略。

　　「避險」一詞最常見於金融理財中的現象，例如避險基金、財務避險等，也就是透過分散風險的方式來取得安全上的作為，避免將雞蛋置放在同一個籃子當中。這個概念也就是透過兩面下注的模式來防範潛在風險。[101] 避險它是一種「混合性的策略」，兼具「抗衡」與「扈從」兩者間的特徵，是與潛在威脅維持即抗衡又合作的關係，避險策略最大的好處就是國家可以試圖在安全與利益兩個層面達到雙贏的局面。在安全防衛部分，避險策略有部分抗衡特徵，對突發危急的情況不至於毫無應變能力，但在對抗程度上又不似純然的抗衡。[102]

　　近些年來國際關係學者將此種概念用在國際領域的研究，例如澳洲國立大學（Australian National University）教授吳翠玲在東亞國家外交政策研究時曾指出，「避險」乃指國家在面臨潛在威

101　蔡明彥、張凱銘，〈避險戰略下大國互動模式之研究：以美中亞太戰略競和為例〉，《遠景基金會季刊》，第 16 卷第 3 期（2015/07），頁 4。

102　〈東亞國家如何在南海議題上避險〉，《洞見國際事務評論》（2019/09/23 瀏覽），http://www.insight-post.tw/editor-pick/asia-pacific-strategy/20120731/36。

脅時，避免在制衡、扈從或中立等傳統選項間作出選擇，而是採取混合多重策略的方式，試圖維護國家的安全與利益。[103]

表 4-3　避險戰略表

制衡	避險戰略					扈從
	因應潛在威脅			維護共同利益		
	間接制衡	優勢阻絕	制度制衡	務實政策制度	相互平衡制度	

資料來源：引自蔡明彥、張凱銘〈避險戰略下大國互動模式之研究〉，頁 9。

新加坡認為美國依然是強國中要算寬厚的，也是為維持區域的平衡積極扮演重要角色的國家，以下是新加坡對美國在平衡行為模式上的幾項歸納：[104]

1. 區域合作：美國的勢力直接與間接促成了亞太經濟合作組織、東亞峰會等標示著亞洲的組織和會議，使區域國家緊密連結。

2. 經貿發展：美國的自由貿易政策與在全球經濟領域的主導地位促使東亞國家得以落實出口型戰略，並使其擴大金融、貿易與投資等影響力。

3. 有效嚇阻：美國強大的軍力具威攝性並有助區域及跨區域的戰略平衡。

4. 大國制衡：美國對東南亞的對中政策有關鍵性的影響力，新加坡曾多次向美國外交界高層反應，美國應避免過分發

103　蔡明彥、張凱銘，〈避險戰略下大國互動模式之研究：以美中亞太戰略競和為例〉，《遠景基金會季刊》，第 16 卷第 3 期（2015/07），頁 4。

104　張國城，〈從現實主義中的權力觀點看新加坡的外交政策〉，《台灣國際研究季刊》，第 9 卷第 1 期（2013），頁 105–106。

出刺激中國的言論，迫使東南亞國家必須在中美兩大國間
作出選擇，以致於破壞區域的平衡和和諧。

　　美國雖然在 2017 年底至 2018 年初提出的「國家安全戰略報
告」、「國防安全報告摘要」中，美國已將中國視為最可怕的戰
略競爭對手，尤其 2020 年 11 月 15 日，中國又與東南亞國家完成
「全面經濟夥伴協定」的簽署，更加強中國與東南亞國家的相互
關係。但不論結果如何，中國在區域持續的崛起擴展，若沒有美
國在區域平衡的話，終將形成單一大國的主導，甚至出現其他國
家為爭奪區域利益而選邊站的情況，對新加坡與區域生存發展而
言都是有所影響的。

表 4-4　美中戰略地位比較示意圖

戰 略 項 目	美 國	中 國
軍事力量的維繫	V	○
文化置入與發展	V	
世界各國的連結	V	○
國際認同度	V	

資料來源：作者自行繪製整理。
備註：符號「V」表示具備的特質，「○」表示崛起。

第四節　小結

　　新加坡在對外政策方面，除了強調生存是最基本的方式以外，對大國也採取了大國平衡的政策來換取本身的安全與區域的穩定。除了與各國採取友善的對外關係外，新加坡還擁有最強的軍事力量作為後盾，當作國家對外合作的資源，另外，她也充分鞏固與鄰國的邦誼，採取不樹敵的外交策略。新加坡非常清楚身為一個小國所必須面對的，除了增進內部資源與外部條件，更是希望大國勢力存在於區域，大國間彼此友好，讓東南亞國家不用因此選邊站而造成區域國家的不合。

　　新加坡雖是個小國，但她在東協組織的地位使她充分利用這個平台當作對外發展的有利條件，除此之外，她也發揮了與大國間的利益連結，扮演東協與美中兩大國的橋樑，以務實、積極的策略作為發展方向。就新加坡而言，若是以東協的團結是對外政策的核心，那麼大國之間的平衡外交，則是新加坡對外政策的重要法寶，[105] 這些不但對自身有利，也是區域政治穩定力量的來源，甚至對新加坡來說，大國可以對區域強國相互制衡達到平衡的目的。但新加坡在對外政策上的運用如何取得成功，作者就以下幾點詳述：[106]

　　1. 李光耀的外交思想在新加坡的外交中得到貫徹，這也是

105　周舟，〈東南亞地緣政治大變化─新加坡前景堪憂〉，《時政評論》（2019/09/21 瀏覽），https://read01.com/zh-tw/Ed5GgG.html#.XJMCg7EVGpp。

106　〈新加坡小國大外交〉，《鳳凰網》（2019/09/23 瀏覽），http://news.ifeng.com/history/shijieshi/special/shuangmianliguangyao/detail_2013_06/20/26625620_2.shtml。

新加坡取得外交成功的關鍵因素，新加坡發揮了其他小國所無法相比的影響力，以務實主義的理念充分創造自己的力量面對現實的世界。

2. 對國際關係的認知使新加坡不得不改變自己，早在獨立初期政治菁英與領導者就認知到新加坡地緣政治的敏感和資源不足的脆弱，迫使必須在外交上突破意識形態的束縛，在經濟上推動全球城市和聯外的經濟戰略，設法讓新加坡與鄰國之間、與大國之間維持相互依存關係。

3. 實力和資源的增加為新加坡的外交奠定了良好基礎，由於資源的匱乏，國土面積狹小，在毫無任何資源情況下，新加坡積極將建設重心擺在吸引外資、發展經貿、提高綜合國力等方面，促使新加坡具備了強大的競爭力與吸引力。

4. 透過科技、文化、服務等多元的發展，樹立優良的品牌形象，積極參與國際事務以提升國際上的影響力。

　　Waltz 曾指出「國力」可以為一個國家提供優勢，而越強的國力則提供國家多樣性的行動方案。[107]藉由以上幾點綜述，可以看出新加坡透過本身的資源創造優勢來不斷強化自己的國力，如同新加坡總理李顯龍 2015 年 11 月在拉惹熱南講座所言，不論是與區域國家或是大國來往，新加坡的對外目的就是保護與挺進自身的利益，新加坡不願接受「小國無外交」的命運，希望透過平衡現實與理想的外交政策，奠定新加坡在國際舞台的地位。[108]

107　范盛保，〈小國的大戰略—新加坡途徑〉，《台灣國際研究季刊》，第 9 卷第 1 期（2013），頁 90。

108　〈談小國不向命運妥協，新加坡不願接受小國無外交的命運〉，《新聞天天看》（2019/09/24 瀏覽），https://www.twgreatdaily.com/cat39/node1566693。

第五章
新加坡生存策略的
運用與評估

　　新加坡認為生存策略與外交因素是連繫在一起的，除了國家本身政治環境以外，國與國之間也存在著一些離不開的問題，這些問題都將影響一個國家生存策略與對外發展，例如：經濟問題、軍事能力、外交關係等，雖然新加坡是個小國，她的生存方式就必須要能夠運用自身實力來贏得世人對她的認同，取得大國的平衡及信賴。

　　對新加坡來說，若沒有創造本身的資源條件，那她的生存策略是否能徹底發揮也是值得關注。其次，新加坡一向是貿易往來的主要航道，她所屬的麻六甲海峽，因具備戰略與航行之優勢，海峽的重要性日與俱增。[1]因此，來往新加坡的船隻不計其數，也使新加坡成為一個多元文化的國家，由於這樣的環境，「生存」成了必備的條件，也為她帶來深遠的影響。[2]

　　本章主要探討新加坡的生存策略運用和評估，希望透過在生存策略中具有的運用包括：（內在因素、經濟問題、軍力反恐、對外關係等），評估是否符合新加坡與國際環境，以作為本文更客觀深入的研究。

第一節　新加坡生存策略的運用

壹、內在環境因素

　　新加坡對外關係即以「生存」為主要目標，「自助」便成為

1　J. Ashley Roach, " Enhancing Mmaritime Security in the Straits of Malacca and Singapore" *Journal of International Affairs*, Vol.59, No.1 (Fall/Winter 2005), pp.99－100.

2　Ibrd.

追求的方式。國家雖小但卻是一個多元文化的社會，除了華人、馬來人、印度人，還包括少數的歐美後裔與移民，可算是多種族所建構的國家，因此，人才培育與種族平等始終是該國的重要課題，為了延續國家長遠發展，新加坡便以菁英治國作為導向，新加坡能在短短 30 多年裡成為人均所得 6 萬美元的國家，這與新加坡政府大力延攬人才是密不可分的。[3]

新加坡除了積極培養本國人才之外，從上個世紀 70 年代起，新加坡政府便開始引進技術水準較高的專業人才，以幫助提升國家的競爭力，隨著大批外籍人士與專業人才流入，新加坡在引進外資和經濟發展兩方面都有長足的進步，其人才引進政策也趨向完善。目前共有 6000 多家跨國公司在新加坡開設了分公司及辦事處，有些甚至將地區總部設於此，此外，新加坡還有一萬多家外國中小企業，這些跨國公司與中小企業，不僅給新加坡帶來了大量外國直接投資，同時也帶來大批優秀人才。[4]

另外，由於新加坡是多元民族社會所建構的，自人民行動黨取得政權以來，實施多種語言並重政策，主張宗教自由，不同背景的種族皆有自己的語言和信仰。在語言部分新加坡使用馬來語當作國語，官方語言則涵蓋了英語、華語、馬來語及淡米爾語等，除了這些語言之外，依據統計，新加坡人還習慣使用中國大陸沿海各地的方言。由於新加坡的多元種族，多元的語言與多元文化背景，在建國初期時，常遭遇各種族間對國家認同的挑戰，因此，新加坡開國元勳拉惹熱南先生便於建國初期 1965 年時，經

3　〈新加坡人才強國戰略：豐厚待遇延攬人才〉，《中國網》（2019/ 09/25 瀏覽），http://big5.china.com.cn/chinese/WISI/464067.htm。

4　同前註。

由執政人民行動黨確立了新加坡的種族策略，利用多項政策發展來建構新加坡的國家認同，包括以下幾點：[5]

1. 淡化新加坡的華族特質，以避免鄰國視新加坡為中國勢力的延伸。
2. 給予馬來族原住民身分，尊重馬來族的生存地位。
3. 在新加坡憲法之前各族地位一律平等，保障每一族的權益並確立新加坡是一個多元種族、多元文化和多元語言的國家。
4. 透過經濟建設發展使各族均能蒙受其利。
5. 設立華語、英語及馬來語等為官方共同語作為溝通平台。

　　從以上的政策來看，新加坡積極打破各種族間的距離，凸顯國家包容不同種族的中立立場，以經濟建設和國家發展來培養對國家的認同，使各族彼此間皆能認同自己的國家。1988年，吳作棟擔任總理任內，也首次提出「國家意識」（National consciousness）的概念，[6]他說除了維持勤奮、節儉與犧牲小我的美德外，更應在潛移默化中培養國家意識概念，塑造新加坡人堅定不移的「國家意識」。

貳、經濟因素

　　1965 年獨立後的新加坡，直接面對的是（1）殖民地的歷史、語言與文化基礎上的建設，（2）華人與華人文化為主的多種族商

5　紀舜傑，〈新加坡的國家認同—從生存威脅到永續執政的國家建構〉，《台灣國際研究季刊》，第 9 卷第 1 期（2013/ 春季號），頁 63。

6　李怡樺，〈國家認同與多元文化：新加坡小學公民與道德分析〉，《教育研究與發展期刊》，第 6 卷第 2 期（2010/06），頁 122–123。

業社會文化，（3）位居於麻六甲海域的出海口經濟腹地與有限的國內市場，（4）國內不足的產業與不存在的農業。[7] 所以在這樣的時空環境下，新加坡政府決定充分利用殖民時期所留下的遺產，在即有的基礎上繼續增強金融與銀行服務業，在製造業方面直接採取吸引外資至新加坡投資設廠，進行出口導向與出口擴展政策。[8]

　　新加坡經濟發展可說是亞洲國家的典範，在前內閣資政李光耀所領導的人民行動黨成功的以經濟發展和有效治理下，新加坡的經濟正漸漸地邁向進步繁榮，新加坡在獨立後，對外自由貿易開放，擁抱外資的基本策略不變，在經濟發展過程中，政府主導新興產業的發展與外勞的開放，為了吸納更高層級的外資人才，因此設立了科學園區、人力資本的投資，更多的大學與研究機構，期望透過高等教育與研究的投資來促進服務的升級。[9]

　　從新加坡經濟發展態勢來看，外資、外勞與外客都是對新加坡經濟發展的貢獻者，也是促進經濟前進的重要力量。新加坡與鄰國相比資源甚少，因此在經濟發展層面必須超越周邊國家以取得較大的優勢，否則將對國家生存造成影響。目前，全國 500 多萬人口中，約有 100 多萬人是長期在新加坡工作生活的外國人，其中很多是擁有專業技術特長與企業管理專才的，據新加坡統計局公布的數據顯示，在新加坡 3 萬多名的資訊與通訊專業人員中，30% 來自於國外，高等院校中 40% 的教授和講師皆為外國人

7　林健次，〈新加坡的經濟發展策略—外資、外勞、外客〉，《台灣國際研究季刊》，第 8 卷第 4 期（2012/ 冬季號），頁 88。

8　同前註。

9　同前註。

士。[10]

　　新加坡人力部統一對人才引進進行全面協調與管理，對發展經濟急需的通信、電子及其他高技術領域的專業人才，優先從速引進，人力部下轄的「聯繫新加坡」機構分別在澳大利亞、中國、歐洲、印度和北美等地區共設有 9 個辦事處，專門為希望至新加坡留學與工作的外國人及海外新加坡人，提供相關諮詢服務，同時也為求才若渴的新加坡企業及希望到新加坡工作的人士介紹，以增加新加坡的經濟發展動力。[11]

參、軍事與反恐

　　前內閣資政李光耀曾表示，新加坡政府是一個節儉的政府，但新加坡每年花費 5-6% 的國內生產總值（GDP）用於國防開銷，原因就是國外威脅嚴峻。他說，我們不脆弱嗎，周遭鄰國可以包圍妳，海路會被切斷，商業活動完全停頓。因此對於新加坡來說，本身的國防力量、國際組織、美國的安全防務協定，是新加坡因應軍事威脅的策略。[12]

　　李光耀稱，新加坡一直以來都安排一位強勢的部長職掌國防

10　〈新加坡人才強國戰略：豐厚待遇延攬人才〉，《中國網》（2019/09/25 瀏覽），http://big5.china.com.cn/chinese/WISI/464067.htm。

11　〈新加坡人才強國戰略：豐厚待遇延攬人才〉，《中國網》（2019/09/26 瀏覽），http://big5.china.com.cn/chinese/WISI/464067.htm。

12　〈李光耀倡強兵—抗馬印威脅〉，《中國評論通訊社》（2019/04/03 瀏覽），http://hk.crntt.com/crn-webapp/touch/detail.jsp?coluid=70&kindid=0&docid=101573188。

部,是內閣當中僅次於總理的強人,也是最堅強和最有能力的領袖。由於擔憂人民會以為新加坡可以拿來與丹麥、荷蘭等國家相提並論,以為自己是一個正常國家,但實際上我們處於一個動盪的區域,假如沒有一個比鄰國更優秀的政府和人民來保護自己,那新加坡就會滅亡。[13]

新加坡一直認為國防武力是國家生存的首要條件,也是捍衛國家主權的後盾,長期以來,新加坡武裝部隊的戰略核心理念是,藉由軍事力量所構成的嚇阻能力來維持東南亞地區的次區域平衡,獨立初期,新加坡提出所謂毒蝦米戰略,宣示新加坡雖然是個小國,但要讓入侵者不易侵略,總理李顯龍認為,新加坡的軍事戰略概念應傳遞入侵者一個訊息:「新加坡即使無法擊退入侵者,但也要入侵者付出慘痛的代價,而且最終也無法得手」。1990 年代以後,新加坡武裝部隊的軍事戰略目標轉而強調,受到入侵時需贏得迅速且決定性的勝利。[14] 雖然新加坡在 1960 年代末和 1970 年代初在以色列軍事顧問的鼓勵下,曾有對潛在敵人實施先發制人的構想,甚至 1990 年代後期也提出要在一個回合中擊倒敵人的概念,但新加坡從建國至今從未宣示採取先發制人的戰略。[15]

有軍事專家就說,新加坡如同東南亞的以色列,和以色列一樣國土面積狹小,但軍事力量不容小覷,新加坡除了大量購買武器與裝備,甚至每年還將部隊派往德國、英國等西方國家進行共

13　同前註。

14　吳東林,〈新加坡國防發展與區域安全〉,《台灣國際研究季刊》,第 9 卷第 1 期(2013/ 春季號),頁 122。

15　同前註。

同訓練，以提升部隊的戰鬥能力。[16] 新加坡非常重視與發達國家所進行的軍事合作，為避免周邊國家對新加坡軍事威脅升溫，新加坡政府甚至將先進戰機置放於美國，人員訓練則分別在澳洲、美國與新西蘭進行。[17] 雖然新加坡展示在世人面前的是經濟的繁榮，但支撐和防衛繁榮景象的卻是隱身其後、靈敏應變和伺機而動的軍事力量。[18]

由於新加坡一向以大國平衡策略為對外政策目標，這樣對新加坡來說除了符合自己利益也對區域穩定有所助益，新加坡國立大學李光耀公共政策學院院長馬凱碩（Kishore Mahbubani）指出，他認為「競爭」（Compete）是好事，有策略的競爭更能發揮雙贏的效果。[19] 雖然近十年來因應中國在東亞區域的崛起，新加坡思考著如何去作轉變和調整，但面對中美間的競爭與磨擦，將是對新加坡在生存策略影響中的考驗。

美國《財富》雜誌報導稱，近年來東南亞各國政府一直在強調，中東地區回教武裝分子及本土極端分子會造成國家的威脅，國防部長黃永宏指出反恐必須靠各國間的合作，從源頭上徹底根除，他並引述近期東南亞發生的恐怖攻擊事件，包括 2018 年 5 月印尼泗水連環爆炸案和菲律賓馬拉維市持續 5 個月的反恐戰鬥，

16　〈新加坡軍力被視為東南亞的以色列〉，《新加坡文獻館》（2019/09/28 瀏覽），https://www.sginsight.com/xjp/index.php?id=21031。

17　〈被低估的新加坡軍隊〉，《新加坡文獻館》（2019/09/28 瀏覽），https://www.sginsight.com/xjp/index.php?id=7872。

18　同前註。

19　〈新加坡—大國有戰略，小國有策略〉，《天下雜誌》（2019/09/28 瀏覽），https://www.cw.com.tw/article/article.action?id=5067337。

這些事件都顯示恐攻數量不斷增多。[20]

　　其實恐怖主義的影響已不是新加坡第一次強調威脅的嚴重性，國防部長黃永宏表示，反恐是一項持久戰，新加坡的武裝力量與相關單位已加強合作，盡一切可能減少恐怖分子對新加坡的威脅。[21] 為此，新加坡除了加強國民反恐意識以外，新加坡內政部甚至發表一份 2017 年《新加坡恐怖主義威脅評估》報告，當中指出過去一年新加坡受威脅程度是近年最高的，由其是新加坡的交易所和港口。[22] 新加坡一直給人世界最安全的城市印象，但近些年來因恐怖主義的滲透、猖獗，除了加強陸海空等維安防範之外，新加坡政府也提議制訂新法令，若是發生恐怖攻擊，將禁止民眾媒體拍照攝影，避免造成更大的恐慌與增添反恐維安的複雜性，由此便可看出新加坡在反恐維安上的決心。

肆、對外關係

　　新加坡的對外政策在剛獨立時是一種求生存的對外政策，在前一章明確分析新加坡的生存內涵上可以發現，生存政策中的幾個基本問題的順利解決，主要取決於新加坡的外交政策和對外關係。[23] 原因包括，一是多元種族、多元文化和宗教下的新加坡社會

20　〈新加坡面臨最高級別的恐怖主義威脅〉，《中國評論新聞網》（2019/04/04 瀏覽），http://hk.crntt.com/doc/1051/1/9/8/105119806.html。

21　同前註。

22　〈當恐怖攻擊發生；新加坡將禁止民眾媒體拍照〉，《環球評論》（2019/04/04 瀏覽），https://kknews.cc/zh-tw/world/x38lm8q.html。

23　劉少華，〈新加坡的生存政策與對外關係〉，《世界歷史》（2019/09/28 瀏覽），http://dushu.qiuzao.com/s/shijieshi/LS20000000K5/LS2000 0000K5114.html。

各部分關係的和諧，這是新加坡穩定基礎的來源。二是在毫無任何天然資源的情況下如何創造與正常供應，這是新加坡社會穩定發展的重要條件。三是國家獨立與安全的維持；四是經濟建設所必須的資金、技術、市場與資源。以上這些問題若無法解決，新加坡的生存策略就不能取得成功，然而，解決這些問題在最大的程度上應歸功於外交政策及由此發展的對外關係。[24]

　　新加坡政府經常告誡國民，國家當前最迫切的就是照顧好全體各族人民，而且清楚向世人表明我們不為任何外來的勢力服務，為了求生存，新加坡必須採取這樣的路線，假如被外來勢力所利用，而危害到鄰邦，那是非常危險的，我們也沒辦法生存。另一方面，新加坡也向馬來西亞公開保證，新加坡決不會做出傷害馬來亞的事情。對印尼方面則是明確表示，不許在其管轄領土範圍內從事任何損害印尼安全的事情。[25]新加坡正確、靈活與務實的對外政策基本上解決了生存問題，也因此開展了良好的對外關係，新加坡十分重視與鄰國的發展，1971 年，英國從新加坡和馬來西亞撤軍之後，新加坡立即與英國、馬來西亞、澳洲、新西蘭等國家共同締結《五國聯防》條約，使其獲得安全性的保障。[26]

　　新加坡除通過區域合作，積極融入東協內部外，並與世界各國及主要大國維持友好關係，透過良好關係的維護，也為新加坡的生存帶來穩定和發展。另外，在安全部分，鞏固了新加坡的獨立與安全，透過與鄰國的互動，使鄰國降低了對新加坡的敵意與威脅，在與東協合作組織各成員國制訂了國家相互關係的基本原

24　同前註。

25　同前註。

26　同前註。

則，為新加坡提供了安全後盾。其次是支持美國在區域的軍力存在並與各國及大國間維持良善關係，使新加坡得到了強而有力的安全保證。[27]

　　從以上幾點說明，便可看出新加坡在生存策略上的運用，雖然從建國以來，歷經了各式各樣的艱難與挑戰，但憑藉著新加坡領導者的智慧與務實，為新加坡在生存當中保有一份穩定可靠的力量，不只維持國內種族平等、引進專業人才改善經濟、組建東南亞最強的軍隊、發展穩健的外交關係等，新加坡展現在世人面前的是小國所擁有的傲人成果。

第二節　新加坡生存策略的評估

　　「存在的價值」始終是新加坡建國以來決策者們的共識，新加坡的存在必須是與他國的利益有所相連，使新加坡在生存上可以長治久安、穩定發展，取得小國在國際關係中的生存地位。本節試圖透過前一節所提（新加坡生存策略的運用）延續將她所產生的影響進一步作出評估，期能更進一步瞭解新加坡在國際關係中的生存方式。

　　首先作者以北歐芬蘭為例，這個人口數量與新加坡相近的國家，剛獨立時同樣也遭受強鄰蘇聯的威脅，當時芬蘭對外政策一是加入反蘇陣營，二是選擇中立，芬蘭政府認為加入反蘇行列也無法改變與蘇聯強權為鄰的現實，於是選擇保持中立，與蘇聯簽訂「互不侵犯條約」，但還是遭受蘇聯 1939 年 11 月 30 日發動

27　同前註。

「冬季戰爭」（Winter War）與 1944 年夏季的續戰（Continuation War）兩次攻擊。[28]

芬蘭從獨立時的中立到二戰期間的抗衡與二戰結束後尋求屬從，種種政策對芬蘭而言，並未給國家帶來有利的保護，還遭受攻擊與限制獨立的外交能力，造成國家主權漸漸地喪失，[29] 且未得到任何好處。

1965 年獨立後的新加坡，深知鄰國所產生的威脅，於是除了加強與鄰國的關係維護以外，更注重與世界各國的關係。隨著中國勢力逐漸擴張，新加坡雖知具有威脅但卻是以一種正向務實的態度來面對，同時也期許大國在區域的平衡，創造區域的穩定和諧。反觀新加坡對於自己的脆弱是以誠懇的態度來看待，不論是與馬來西亞或是印尼等鄰近國家相比，在沒有天然資源、沒有任何協助下，一步步來完成國家建設。以下將是作者針對新加坡生存策略所做的評估分析：

壹、國內問題

新加坡 1965 年獨立建國時，除了面對生存問題以外，國內多元種族存在，應如何彌平並使各種族對國家具有凝聚力，這是剛獨立時的新加坡面對內部環境刻不容緩的挑戰，因為尊重各種族間的相互平等，有效建立溝通平台，使得新加坡各種族降低對立與磨擦，新古典現實主義提到，一個國家的安全行為，可能更多的時候取決於領導者的個性、信仰與意象，而非客觀的體系性約

28　魏百谷，〈小國與強鄰相處之道—以芬蘭與俄羅斯關係為例〉，《台灣國際研究季刊》，第 6 卷第 1 期（2010 年春季號），頁 98–99。

29　同前註，頁 100。

束和機遇。[30] 獨立之初，新加坡審慎的處理內部各種族間的隔閡，使她的國內並未發生過因種族問題而產生的國安現象。由於李光耀獨具的思維與遠見，新加坡除培養本國人才之外，也積極吸收國外人才，使國家社會的建設發展未因人力結構不均而導致推展受阻的情形。

新加坡領導者在執政之初就以建設有道德的社會為使命，以領導者的意志作為反腐第一要素，與此同時，新加坡政府也重視提升人民道德水平和文化素養，對此，新加坡政府提出塑造優雅社會的目標，由於重道德、講操守，新加坡人民都以擁有「好政府」而驕傲，以身為新加坡人而自豪，因此，這是一種人民對政府的信任，也是新加坡國內社會對人民行動黨執政的向心力來源。[31]

自人民行動黨取得政權之後，即實施多種語言並重的政策，主張宗教信仰的自由。所以，新加坡的多元種族、多元宗教、多元語言，造就出多元文化的社會，然而這些多元因素，在國家發展認同上，常會受到各族群之間的挑戰，新加坡在此方面，同樣也遭遇到相同的困境。[32] 但新加坡政府面對此種挑戰，企圖以「亞洲價值」及華文教育力量，來重塑其精神教育的內涵，在教育發展思想中，融合大量儒家思想，並以儒家思想中的尊君及君主思

30　劉豐、張晨等譯，諾林・里普斯曼等著，《新古典現實主義—國際政治理論》（上海：上海人民出版社，2017），頁 19。

31　〈新加坡是如何提高軟實力的〉，《中國共產黨新聞網》（2019/10/02瀏覽），http://theory.people.com.cn/BIG5/136457/6894956.html

32　李怡樺，〈國家認同與多元文化：新加坡小學公民與道德教育教科書分析〉，《教育研究與發展期刊》，第 6 卷第 2 期（2010 年），頁 119–121。

想來合理化政權,[33] 以利執政的穩定發展。因此,各人認為,新加坡的國內問題在建國時期就以打下良好的基礎,在內部也形成固定的社會氛圍,執政的人民行動黨雖面對來自在野政黨的挑戰,但在既有政策完善的配套下,能否長期執政還是需要領導者與執政黨競競業業的努力,領導國家向前推進。

貳、中國崛起

歷史上大國崛起總伴隨著抗爭或是戰爭,20 世紀德日兩國為贏得權力、影響力與自然資源,將自己拖入到可怕的戰爭裡,前蘇聯為與美國爭霸,不惜投入巨額開支以致經濟崩潰走向解體。然而面對中國的崛起,已故新加坡內閣資政李光耀曾有異常清楚的解釋,他說中國會避免犯下德日曾經犯過的錯誤,透過武力挑戰既定的秩序,中國高層已認知到最佳的戰略就是創造一個強大繁榮的未來,中國會避免損害影響崛起的各種行為,尤其挑戰美國這樣技術領先的國家,將會毀掉自身的和平崛起。[34]

從李光耀此翻解讀當中不難看出,中國崛起已是既定的事實,而且當今中國又是世界上發展最為快速的國家,中國對東南亞的戰略很簡單,就是大家一起共同發展,除了不斷深化與東南亞諸國的合作關係以外,中國漸漸地透過國內巨大市場與購買力將東南亞國家納入經濟體系。[35] 同時新加坡面對中國龐大的經濟結構對本身來說,可以為國家經濟帶動更好的發展,伴隨中國的崛

33　同前註。

34　〈李光耀解讀中國崛起〉,《新加坡文獻館》(2019/04/07 瀏覽),
https://www.sginsight.com/xjp/index.php?id=11125。

35　同前註。

起對新加坡與區域來說，將是一股巨大的能量。

參、美中關係

　　美中關係的平穩發展對新加坡是有利的，李光耀在其書中《李光耀：新加坡賴以生存的硬道理》針對中國崛起曾表明，目前美國所主導的世界格局，對新加坡來說是最好的局面。他說，美國雖然是一個霸權，但確是柔和的。李光耀也曾多次在公開場合表達，希望美國在世界上保持主導地位，也在訪問美國的時候呼籲美國在維護地區平衡上發揮更大作用，否則將失去全球的領導地位。[36]

　　儘管對中國崛起有所顧忌，但李光耀不認為中美會衝突戰爭，因為各方沒有理由開戰，更不會為了東南亞而開戰，原因是，這樣將損害中國在東南亞的經濟利益造成市場慘痛的損失，況且在貿易上美國根本無法與中國競爭。[37] 基本上東協國家面對中國崛起雖然多有所焦慮，但在討論中國崛起議題時，經常會出現幾個特點：[38]

1. 東協國家認真討論中國崛起議題，是在 1997 年亞洲金融危機出現之後，東協國家意識到中國在亞洲的行為，不論是在區域安全與經濟發展上都有重大的影響力。

2. 中國崛起對東協國家的討論仍然持續演變，但其影響力

36　〈李光耀：中國未必是柔和的霸權〉，《BBC 中文》（2019/04/07 瀏覽），https://www.bbc.com/zhongwen/trad/world/2011/01/110124_lee_kuan_yew_by_jiangrui。

37　同前註。

38　〈東協國家對中國崛起的看法〉，《國家政策研究基金會》（2019/04/07 瀏覽），https://www.npf.org.tw/3/7967。

所造成的複雜情勢，以讓新加坡與東協國家必須認真的看待此項挑戰。

3. 目前東協國家大多與中國選擇建設性的互動，但卻不願意表現出臣服的態度，另外新加坡與多數東協國家皆希望美國留在東南亞，有效平衡中國勢力的擴張。

4. 雖然與中國進行正面互動合作，但對於中國在文化與政治上採取強勢作為依然感到擔憂。

肆、中國在區域的擴張

新加坡一向期望東協國家友好團結，也希望美中之間的和諧為區域帶來穩定力量。但中國在南海擴張海權相當積極，因該區域資源豐富、航道戰略地位的重要，使得中國對於南海主權的地位維護更趨強硬。[39] 由於中國在國際上的作為越來越果斷自信，特別是對於中國和鄰國都宣稱擁有主權的亞洲海域，更是令東協國家緊張與不安。[40]

隨著中國崛起不但改變了東亞地緣政治格局，也改變了中國對外政經發展策略，甚至是中國崛起領導東亞的意圖更加明顯，使得東亞國家感受到的威脅相對升高，而當此威脅升高的同時，對美國依賴的程度也跟著提高。[41] 新加坡樂見大國間的友善，對東協國家是有利的局勢，但新加坡官方智庫東協研究中心（2019年1月7日）一項調查顯示，美中兩國在東南亞的相互對峙將會漸漸

39　〈東協、中國與美國的東亞〉，《海峽評論》（2019/04/08 瀏覽），
　　https://www.haixia-info.com/articles/5781.html。

40　同前註。

41　同前註。

明顯，擔心東南亞成為美中之間的角力場。[42]

　　基本上東南亞在美國的亞太戰略地圖上的地位相當重要，尤其對美國的區域戰略意涵，不僅可以以東南亞來圍堵中國勢力擴張，更可以以東南亞作為前進南亞、甚至是中東的跳板。[43] 但最近幾年來美國在全球的影響力似乎漸漸地下滑，尤其像是新加坡、菲律賓與馬來西亞等東協國家在調查中感覺最深。東協國家擔心若美國對區域的影響降低勢必造成中國趁勢而起，形成單一大國所主導，在此情況下某些東協國家選邊站的機會也將出現，對「東協一體化」的團結性將遭受打擊，也對新加坡長期奉行的大國平衡策略帶來影響。

　　從以上幾點評估來看，不論就新加坡的國內因素、中國在區域的崛起、美中間的關係、中國的擴張等，對內而言，人民行動黨必需要持續取得人民的信任，繼續作為帶領新加坡前進的政黨，尤其是領袖與政黨的關係。[44] 對外來看，維繫美中兩國的關係乃是首要，必須正視中國在區域的崛起，但避免中國在區域獨霸。新加坡須在美中兩強之間扮演橋樑的角色；其次是讓大國間對區域的影響都能帶來正面的效應；美中大國雙方都能各自扮演好自己的角色。若其中一個大國在區域有出現獨霸跡象或是影響力降低的失衡情形，新加坡可以適時的作出回應，目的是避免對

42　〈美中爭雄─東南亞國家擔心成為角力場〉，《美國之音》（2019/04/08 瀏覽），https://www.voachinese.com/a/us-china-southeast-asia- 20190108/4734336.html。

43　〈中國與新加坡的微妙關係〉，《馬來西亞東方日報》（2019/10/07 瀏覽），http://www.orientaldaily.com.my/s/214310。

44　信強譯，Kenneth. Waltz 著，《國際政治理論》（上海：上海人民出版社，2017），頁 88。

區域造成不利的衝擊，影響區域間的平衡發展。

　　但是大國間難保不會有爭端產生，以現任美中兩國領導人拜登、習近平的個人風格來看，彼此都是相當重視自己國家核心價值與利益的，其中拜登政府一上台即聯合區域組織抗中，只是新加坡在此情況之下，不樂見雙方因爭端而升高到不可收拾的局面造成區域的損害，畢竟這樣對大國、新加坡與區域都不會是好現象。除此之外，新加坡本身也透過更完善的國內建設作為與區域各國關係維繫，使多邊的關係能與新加坡利益相連結，讓本身在內外發展上皆能獲得有效保障，維繫國家的生存。

第三節　小結

　　綜合新加坡生存策略的運用與評估，可以觀察出新加坡對於國家內外發展的重視，從國內各種族間的平衡、菁英治國、軍事力量與對外關係，可說是都維繫著新加坡生存政策的影響。新加坡開國元勳認知到在沒有任何資源情況之下，如何創建資源是對新加坡發展最有利的要件。為了國家安定繁榮，在多元文化建構下的新加坡，唯有實施種族平等政策，尊重各族群間的文化發展，使各族群團結在國家的領導之下，凝聚國家意識，積極培養人才，建立穩定和諧的社會。

　　新加坡為了求生存，人才是她最重要的資源，唯有國內政治穩定，依靠優秀的人才發展經濟，才能創造更大的市場，Waltz 指出，國際政治與經濟市場在結構上的相似之處只在於自助原則的

通用性。[45] 透過經濟力量的發展與堅實的軍力作為後盾，新加坡才能擁有向外拓展的權力，如同新古典現實主義中提到，「決策者的認知、國家利益、國內政治環境等種種因素，對一個國家的外交行為都有重大的影響」。

　　另外，對於中國持續在東南亞區域的擴張，新加坡也希望透過大過間的平衡來維護地區的安定，以防止由某一大國的介入完全主導，避免區域其他國家選邊站的情況，但是否會促使東協某些國家因而靠攏，或是出現不同的意見造成東協一體化的影響，也將對新加坡在東協所扮演的角色和努力深受挑戰。

　　總之，就新加坡目前國家內部、外部而言，雖然政治環境對執政黨較為有利，但面對接踵而來的國際議題，像是美中的相互對抗問題、恐怖威脅、區域一體化、中國在南海的擴張等，這些都是考驗新加坡處理問題的反應能力，新加坡雖是小國，但長期以來她在國內與國際上已扮演了重要的角色，國際問題不可能永遠一樣的態勢出現，執政的人民行動黨如何因應，每個環節都考驗著決策者的認知與遠見。

45　同前註，頁 97。

第六章

結論

本文以新加坡的生存發展作為主要研究，研究時間乃以李顯龍時期為主。本文採用新古典現實主義為研究途徑的方式，試圖分析小國在國際關係的生存策略。作者從新古典現實主義中（包含國家內部、外部等因素）的角度切入觀察分析，從中找出新加坡如何在國際關係中生存，展現小國與眾不同之處。在經由以上問題分析歸納後，本章提出下列幾項綜整。

第一節　研究發現

壹、新加坡國內環境及推動區域合作的努力

新加坡能在以「權力」為主體的國際體系生存，原因是她清楚認知小國在國際現實環境下的不足與所需，新古典現實主義在國內因素方面，包含了決策者的認知、國家利益與國內政治結構等。且一個國家的對外政策會受到體系所驅動，內部與外部因素都會為生存帶來影響。建國總理李光耀曾經說過，新加坡沒有任何天然資源，所以必須依靠人才資源，因此，「人才」成了新加坡最重要的資源之一。

其次，新加坡內部是一個多元文化的社會，除了華人以外，還包括馬來族、印度、歐美後裔等，新加坡的決策者認為國家內部穩定是生存的基本要件。因此，新加坡對內實施種族平等政策，保障各民族的基本權益，培養強烈的愛國情操認同自己的國家。除此之外，新加坡更以菁英治國為取向，執政的人民行動黨（PAP）從建國以來長期執政，政府官員除了具有完整的歷練之外，個人的廉潔與操守更是政府最著重的要求，這同時也是獲得

人民普遍支持的重要原因。雖然人民行動黨目前仍然是新加坡執政的政黨，但其他在野力量也不斷挑戰人民行動黨的長期執政，因此，人民行動黨除了施政方面的表現須得到肯定之外，官員的品德與操守更要獲得民眾的信任與檢驗，以利政權的延續。

除了新加坡國內政治環境以外，她在推展區域合作及在區域角色扮演上堪稱是區域各國中最重要的力量，也因為如此，使得她在國際上受到重視並有著較顯著的影響力，其中包括：

一、推動區域合作的努力

新加坡由於金融、貿易、觀光等產業的蓬勃發展，又是東協國家在區域的重要會員國，自然而然受到國際的青睞。因此新加坡必須打造一個安定繁榮、友善良好的環境使得各國資金願意投入，經濟的安定繁榮對新加坡來說，也是對外發展的重要政策。其中 1967 年創立的東南亞國家協會，目前仍然是東南亞國家整合出的一個最具規模的組織，更是新加坡對外發展的主要平台及促進地區經濟成長的重要機構。除了東協組織之外，其他像是東亞高峰會、區域全面經濟夥伴關係協定、區域商務論壇等，新加坡對每一個相關組織除了努力推動之外，更是積極參與，讓區域各組織能順利推展，成為對外交流的平台。

二、在區域中所扮演之角色

東南亞地區因地緣相互接壤的關係，使得各國對區域發展均有一致的強烈認同，由於新加坡國家小，必須依靠東協及其他重要組織向外發展，除了增進多邊關係的友好互動之外，也能穩定區域並且達到區域繁榮，可說是兩全其美最好的方式。就東南

亞各國來說，新加坡在國家發展與經濟成就上均高過其他區域國家，因此，自然而然會成為在區域國家間重要的角色。

　　新加坡對於在推動區域各項組織與角色扮演上相當積極，畢竟唯有如此才能受到國際重視，另外也能透過區域各組織間的力量使彼此達到友好團結。除此之外，新加坡更能藉由區域各組織的發展為自己增加在國際體系的相對權力。

貳、新加坡對外關係的發展與生存策略

　　一個國家能否受到國際重視，其實跟國家在國際體系中的位置有絕對的關係，也取決於本身的相對物質實力。當今荷蘭、以色列與新加坡等都是小國，這些國家受其重視的程度都較其他小國來得高。新加坡為求生存，就必須清楚知道生存的目的為何，因此，她一直是將「務實主義」當作國家外交最高指導原則，除了軍力作為後盾之外，並與英國、澳大利亞、新西蘭、馬來西亞等國組成聯合防衛，藉由東協組織的力量作為向外發展的平台。

　　新加坡的對外原則，不論是從李光耀或至今日的李顯龍都採取穩定、利益與不樹敵的觀念並與各國維持友好關係，將新加坡打造成一個受各國歡迎與投資的地方，以創造互蒙其利的有利條件，充分累積自己絕對的資源。另外，新加坡也採取大國平衡政策，歡迎各大國都能存在區域，彼此相互制衡，為區域的穩定與發展注入一股力量。

　　從李光耀時期至李顯龍時期，兩位在國家的治理上皆以務實、穩定為主要目標，雖然李顯龍在治國理念上很多地方是延續了他父親打下的基礎，但兩人所處的時空背景與面對的國際形勢

皆有很大的不同。例如，李光耀任內處於冷戰時期，美蘇兩國相互對抗，當時新加坡對內除了累積資源之外，對外又要防止鄰國的入侵，所在的環境可說是極為險峻，然而到了李顯龍時期，冷戰結束蘇聯解體，中國漸漸地崛起，李顯龍除了面對國內問題之外，對外也包括東協區域整合、中國在區域的崛起、美國與中國在亞洲的競逐等，對於複雜的國際局勢，兩位領導者除了時空背景不同之外，在個人態度上也趨向不同，李光耀較為強勢，李顯龍身段則比較柔軟，也因為這樣，使得兩人在領導國家的風格上也有分別的差異。李光耀較偏重個人主義，李顯龍則較貼近民意，但兩人對於新加坡的發展與用心都是值得肯定的。雖然新古典現實主義提到國際權力的分配會影響一個國家的對外因素，但決策者的認知、國家利益與國內政治環境，皆對一個國家的外交政策與生存更有重大的影響。

參、新加坡生存策略的運用與挑戰因素

　　新加坡在生存策略的運用方面能巧妙的將內在因素、經濟、軍事與外交關係等做一整體性的連結與發揮，首先她把多元文化的社會建構成一個團結和諧的公民民族概念，透過此一概念將成員團結在一個國家之下，不分彼此，打造一個和諧繁榮的國內政治結構，畢竟良好的內在條件才是對外發展的基礎，從新加坡生存策略的運用當中可明確看出國內良好的政治環境對她生存發展的重要。

　　新加坡的人口當中有接近三分之一來自於國外，由於位於麻六甲海峽出海口，占有良好的地緣條件，經濟發展成為最重要的生存要件。除了透過高等教育與科學技術等機構的設立投資以

外，更大力引進海外優秀人才為新加坡效力，以取得經濟發展有利因素。除此之外，也可藉由經濟發展或海外投資與國際接軌，達到維護生存安全的目的。

　　新加坡除了培養本國人才之外，由於治安良好、英語環境、政府廉能、具國際化等，易吸引各國人才來此投資就業，但近些年來由於恐怖威脅及中國在區域的崛起，使得新加坡在國家發展上深受挑戰，中國不斷拉攏東協國家或在東南亞區域建設，除影響新加坡在區域的角色之外，更對東協國家的一體化政策帶來極大的影響。

第二節　研究特色與貢獻

　　本文以新古典現實主義深入探討新加坡在內部環境、區域中所扮演的角色、面對大國的認知、生存方式及對外關係等做一統整分析，以呈現小國在國際關係的生存策略，實踐新古典現實主義所談：「在所有現實主義假設中，國際體系層次的壓力促成了外交政策、大戰略與國際政治，而新古典現實主義的國內中介變量，將限制國家是否對體系層次壓力做出應答，同樣也會限制國家如何應答體系層次壓力」。[1]

　　由於大多對於小國的研究多集中在冷戰時期或是後冷戰時期兩個階段，主要探討小國在生存、經濟發展、對外關係等方面的文獻，研究的途徑多是以古典現實主義居多。因此，對於小國在

1　劉豐、張晨等譯，諾林・里普斯曼等著，《新古典現實主義—國際政治理論》（上海：上海人民出版社，2017），頁58。

國內政治環境、區域中所扮演的角色、面對大國認知等方面略顯有限。

　　有鑑於此，作者試圖透過新古典現實主義的對內、對外兩項因素，來做完整連貫的研究分析，其中也發現新加坡除了靠攏美國，也不排除與中國接觸，美中兩大國彼此對抗時，甚至新加坡會適時做出回應，採取大國平衡策略以穩定區域為重。

　　作者在經由新古典現實主義中的外交因素，包含：（決策者認知、國內政治結構、面對大國的認知）等綜合分析，以有別於古典現實主義、新現實主義的不同。除此之外，小國在內部環境、推動區域合作的努力、在區域所扮演的角色、對外生存策略等方面，這些種種內、外因素的探討與結合，將是本文的研究特色與貢獻。

第三節　未來研究建議

　　本文之目的，主要是想藉由新加坡的成功經驗來檢視小國是否在國際中有其生存之道，雖然當今國際上也有眾多的小國家，但新加坡較其他小國不同的是她在內部環境、外部環境皆不被看好情況下，卻能發展出今日的成就，她所依其的是什麼，從新加坡的成功經驗當中是否也能複製到其他小國或是台灣。

　　新古典現實主義比照其他的理論來說，是屬於較晚期所興起的一種「外交政策理論」，該理論認為國家是國際體系當中最重要的行為體，但是每個國家的內部環境確是存在著差異，國家的對外政策會受到國際體系所驅動，內在與外在因素也會對國家

在生存上帶來影響。在研究探討完本文之後，作者有以下幾點建議：

一、希望未來能繼續以長時間的觀察，瞭解小國新加坡的生存策略後續發展，以深化新古典現實主義的理論研究。

二、除了本文之外，也希望持續以新古典現實主義理論分析其他的小國，以作為學術研究上的討論，並且提供學術界更多、更豐富的文獻資料。

三、希望透過新加坡的例子，使讀者認知到小國應如何在現實的國際體系下發展，如何透過即有的資源或是創造其他資源，讓自身能夠在以權力為分配的國際結構中生存。

以上幾點未來研究建議，是作者在未來從事其他小國研究方面的根源，也期盼在本文即有的基礎概念上，本著求精求實、精益求精的態度繼續研究更多的小國，透過不斷的觀察與發現，提供更廣泛的相關文章給對該議題有興趣的人士閱覽。

參考書目

壹、中文部份：

一、書籍：

Andrew, Heywood，楊日青等譯（1999），《政治學新論》。台北：韋伯出版社。

Kenneth, Waltz，信強譯（2017），《國際政治理論》。上海：上海人民出版社。

Chris, Brown，國家教育研究院主譯／鄧凱元等譯（2013），《當代國際政治理論》。台北：巨流出版社。

Norlin, Lipsman，劉豐、張晨等譯（2017），《新古典現實主義－國際政治理論》。上海：上海人民出版社。

王海山（2003），《科學方法百科字典》。台北：恩楷。

王春法（2002），《國家創新體系與東亞經濟增長前景》。北京：中國社會科學出版社。

王高成（2005），《交往與促變：柯林頓政府對中共的外交戰略》。台北：五南圖書公司。

王彩波（1998），《經濟起飛與政治發展》。長春：吉林教育出版社。

王逸舟（1999），《國際政治學：歷史與理論》。台北：五南圖書公司。

王彥民（2000），《大國的命運》。成都：四川人民出版社。

田禾（2002），《東亞勞動力跨國流動》。北京：世界知識出版社。

田志立（1998），《21世紀中華經濟區》。台北：立緒出版社。

宋鎮照（1999），《台海兩岸與東南亞》。台北：五南圖書公司。

李文主編（2006），《東亞社會的結構與變革》。北京：社會科學文獻出版社。

李金明（2005），《南海波濤：東南亞國家與南海問題》。南昌：江西高校出版社。

李英明主編（2002），《亞太安全綜合年報2001－2002》。台北：遠景基金會。

李路曲（2002），《東亞模式與價值重構：比較政治分析》。北京：人民出版社。

李子遲（2009），《千年海盜》。重慶：重慶出版社。

李美賢（2003），《新加坡簡史》。南投：國立暨南大學東亞研究中心。

宋興洲（2005），《動態的東亞經濟合作：理論性爭辯與實踐》。台北：鼎茂圖書出版公司。

林碧炤、林正義主編（2009），《美中台關係總體檢－台灣關係法三年》。臺北巨流圖書。

吳木生主編（2001），《東亞國際關係格局》。天津：天津社會科學出版社。

吳金平等編（2005），《美國與東亞合作》。北京：世界知識出

版社。

吳俊才（1977），《東南亞史》。台北：正中書局。

阮宗澤（2007），《中國崛起與東亞國際秩序的轉型》。北京：北京大學出版社。

邵志勤（2003），《東亞經濟的發展與調整》。北京：世界知識出版社。

洪鎌德（1994），《新加坡學》。台北：揚智文化。

柯新治（2003），《新新加坡》。台北：天下出版社。

姜桂石等（2005），《全球化與亞洲現代化》。北京：社會科學文獻出版社。

高連福主編（2002），《東北亞國家對外戰略》。北京：社會科學文獻出版社。

許可（2009），《當代東亞海盜研究》。廈門：廈門大學出版社。

孫士海（1998），《南亞的政治、國際關係及安全》。北京：中國社會科學出版社。

黃大慧編（2010），《變化中的東亞與美國：東亞的崛起及其秩序建構》。北京：社會科學文化出版社。

康邵邦等著（2010），《國際戰略新論》。北京：解放軍出版社。

布里辛斯基（2004），《美國的抉擇》。台北：左岸文化。

余正樑等箸（2009），《全球化時代的國際關係》。上海：復旦大學出版社。

周育仁（2002），《政治學新論》。台北：翰蘆圖書出版。

信強著（2010），《解讀美國涉台決策：國會的視角》。上海：人民出版社。

吳士存（2010），《南沙爭端的起源與發展》。北京：中國經濟出版社。

俞寬賜（2005），《國際法新論》。台北：啟英文化事業有限公司。

沈紅芳（2002），《東亞經濟發展模式比較研究》。廈門：廈門大學出版社。

沈明輝（2010），〈加強參與東盟區域經濟合作：應對「亞洲麵條碗」效應〉，《東協瞭望》，第 2 期，頁 39–43。

孫士海（1998），《南亞的政治、國際關係及安全》。北京：中國社會科學出版社。

陳鴻瑜（2006），《東南亞各國政府與政治》。台北：翰蘆圖書出版。

陳鴻瑜（2001），《東南亞政治論衡》。台北：翰墨圖書公司。

陳欣之（1999），《東南亞安全》。台北：生智文化出版。

陳峰君（1999），《當代亞太政治與經濟析論》。北京：北京大學出版社。

陳勇（2006），《新區域主義與東亞經濟一體化》。北京：社會科學文獻出版社。

胡元梓、薛曉源編（2001），《全球化與中國》。台北：創世文

化事業出版社。

曹雲華、唐羽中（2005），《新中國—東盟關係論》。北京：世界知識出版社。

張錫鎮（1999），《東南亞政府與政治》。台北：揚智文化事業股份有限公司。

鐘倫納（2000），《應用社會科學研究法》。台北：台灣商務印書館。

劉清才、高科（2007），《東北亞地緣政治與中國地緣戰略》天津。天津人民出版社。

劉必榮（2014），《國際觀的第一本書》。台北：先覺出版社。

蔡東杰（2006），《東亞區域發展的政治經濟學》。台北：五南圖書公司。

蔡東杰（2007），《東亞區域發展》。台北：五南出版社。

蔡瑋主編（2005），《中國和平發展與亞太安全》。台北市：政大國研中心。

閻學通、金德湘編（2005），《東亞和平與安全》。北京：時事出版社。

陽洁勉（2000），《後冷戰時期的中美關係：外交政策比較研究》。上海：人民出版社。

楊勉編（2005），《國際政治中的中國外交》。北京：中國傳媒大學出版社。

楊軍與張乃和主編（2006），《東亞史》。長春：長春出版社。

廖少廉等（2003），《東盟區域經濟合作研究》。北京：中國對外經濟貿易出版社。

龐中英編（2007），《中國學者看世界「全球治理卷」》。北京：新世界出版社。

關中（2005），《意識型態和美國的外交政策》。台北：台灣商務。

蘇浩（2003），《亞太合作安全研究》。北京：世界知識出版社。

羅金義、秦偉榮（2017），《老撾的地緣政治—扈從還是避險》。香港：城市大學出版社。

顧長永（2000），《台灣與東南亞的政治經濟關係》。台北：風雲論壇出版社。

顧長永（2005），《東南亞政治學》。台北：巨流圖書公司。

二、會議論文與研究論文：

丁樹範〈2010〉，〈大陸鄰近國家軍演對區域安全的影響〉，《陸委會大陸與兩岸情勢簡報》，10 月號。 http://www.mac.gov.tw/public/attachment/。

王崑義（2009），〈海上反恐—兩岸信心建立措施 初步合作分析〉，《海上反恐合作》，〈第四屆恐怖主義與國家安全研討會〉，頁 125–144。

汪毓瑋〈2009〉，〈海事安全脈絡下打擊海盜與海上恐怖主義之研究〉，《全球海盜攻擊狀況》，〈第五屆恐怖主義與國家安全研討會〉，頁 143–167。

沈明室、林文隆（2008），〈第四屆恐怖主義與國家安全研討會論文集〉，頁 155-172。

吳健中〈2016〉，〈中國大陸經濟崛起下的兩岸互動—以胡錦濤時期為例〉，《東海大學政治所學位論文》。

胡振軒〈2010〉，〈小國外交政策之研究－以冷戰時期的新加坡為例〉，《國立台灣師範大學政治所學位論文》。

許峻賓〈2017〉，〈亞太地區經濟整合的發展：新型大國關係的變數〉，《東海大學政治所學位論文》。

烏凌翔〈2016〉，〈弱國面對強權之生存策略〉，《國立台灣大學政治研究所學位論文》。

楊宇庭〈2014〉，〈新加坡與中國的政治經濟關係〉，《國立中山大學中國與亞太研究所學位論文》。

蔡明彥〈2010〉，〈海上恐怖主義發展趨勢與因應策略之研究〉，〈第五屆恐怖主義與國家安全研討會〉，頁 114-119。

孫國祥〈2010〉，〈論船舶安全與海上保險：以東南亞海盜與恐怖主義為例〉《海盜及恐怖主義史》，〈第六屆恐怖主義與國家安全研討會〉，頁 18-23。

徐俊培〈2010〉，〈海上軍備競賽〉，《世界科學》，第九期，頁 44-45。

陳佩修〈2010〉，〈東南亞的恐怖主義演進與安全形式變遷〉，《台灣東南亞學刊》，第七卷第二期，頁 65-80。

蔡維心〈2006〉，〈東南亞航道安全合作之研究〉，《國立中山

大學政治學研究所學位論文》。

魏煒〈2006〉，〈李光耀時代的新加坡外交研究（1965–1990）〉，《華東師範大學人文學院博士學位論文》。

三、中文期刊

王凡（2010），〈美國的東亞戰略與對話戰略〉，《外交評論》，第六期，頁 10–22。

王丹廷（2010），〈中美貿易戰會越演越烈嗎？〉，《財訊》，第 343 期，http://magazine.sina.com.hk/wealth/343/2010-04-05/182085656.shtml。

王子昌（2003），〈東盟意識面臨的挑戰〉，《東南亞研究》，第六期，頁 29–33。

王冠雄（2003），〈南海海域海盜行為之防治：理論與實踐之困境〉，《東南亞研究》，第三卷第三期，頁 25–30。

王健民、吳光中（2016），〈淺談美國「重返亞太」對亞太地區與我國影響之研究〉，《黃埔學報》，第七十一期，頁 59。

江淮（2010），〈面向大海亂象叢生—2010 中國海洋形式回顧〉，《世界知事》，第六十三期，頁 25–30。

宇都宮溪（2014），〈東協在大國參與區域整合後多邊主義策略〉，《全球政治評論》，第四十七期，頁 125–127。

何耀光（2010），〈從地緣理論看亞太戰略思想建構的歷史觀〉，《海軍學術双月刊》，第四十四卷第二期，頁 15–17。

林正義（2010），〈歐巴馬亞洲行對東亞的影響〉，《新台灣國策智庫》，第二期。

林健次（2012），〈新加坡的經濟發展策略─外資、外勞、外客〉，《台灣國際研究季刊》，第八卷第四期，頁 89–93。

李振廣（2010），〈歐巴馬政府對台軍售的深層原因分析〉，《和平與發展》，第四期，頁 49–55。

李豫明（2010），〈貿易沖銷暨工業合作提升國防能量之探討〉，《海軍學術双月刊》，第四十四卷第三期，頁 46–48。

李隆生（2010），〈以東協為軸心的東亞經濟整合：從區域主義到全球化〉，《亞太研究論壇》，第三十三期，頁 105–108。

李怡樺（2010），〈國家認同與多元文化：新加坡小學公民與道德教科書分析〉，《教育研究與發展期刊》，第六卷第二期，頁 115–118。

李憲榮（2012），〈新加坡國會選舉制度〉，《台灣國際研究季刊》，第八卷第四期，頁 38。

宋興洲（2005），〈區域主義與東亞經濟合作〉，《政治科學論叢》，第二十四期，頁 24–30。

宋興洲、林佩霓（2009），〈東南亞國協與區域安全〉，《全球政治評論》，第二十五期，頁 1–22。

周百信、李裕民（2011），〈東亞區域整合趨勢與我國因應策略〉，《區域與研究發展期刊》，第二期，頁 192–195。

施正鋒（2017），〈國際政治中的小國〉，《台灣國際研究季刊》，第十三卷第四期，頁2–3。

紀舜傑（2013），〈新加坡的國家認同－從生存威脅到永續執政的國族建構〉，《台灣國際研究季刊》，第九卷第一期，頁63–66。

范盛保（2017），〈李光耀的新加坡意外的國家與絕對的生存〉，《台灣國際研究季刊》，第十三卷第四期，頁40–46。

范盛保（2013），〈小國的大戰略－新加坡途徑〉，《台灣國際研究季刊》，第九卷第一期，頁80–85。

范盛保（2015），〈國際關係理論下的中立性－愛爾蘭的選擇〉，《台灣國際研究季刊》，第十一卷第三期，頁70–78。

吳崇涵（2018），〈中美競逐影響力下的台灣避險策略〉，《歐美研究》，第四十八卷第四期，頁515–520。

郭秋慶（2017），〈芬蘭小國生存與發展之道〉，《台灣國際研究季刊》，第十三卷第三期，頁15–20。

郭秋慶（2012），〈論人民行動黨與新加坡一黨優勢之發展〉，《台灣國際研究季刊》，第八卷第四期，頁65。

高一中 譯（2000），〈全球海盜問題概觀〉，《國防譯粹》，第二十七卷第十一期，頁58–66。

高長、吳瑟致（2009），〈中國崛起對東亞區域主義的影響〉，《遠景基金會季刊》，第十卷第二期，頁5–8。

官振忠（2009），〈國際海上武裝衝突法之研究〉，《海軍學術双月刊》，第四十三卷第六期，頁 129–139。

陳頤萱 譯（2005），〈從海上擊敗恐怖主義〉，《國防譯粹》，第三十二卷第七期，頁 10–15。

黃文啟 譯（2006），〈東南亞海上恐怖主義〉，《國防譯粹》，第三十三卷第三期，頁 5–8。

徐俊培（2010），〈海上軍備競賽〉，《世界科學》，第九期，頁 45–50。

陳宗逸（2010），〈美韓日菲澳印俄 東亞北約成型 圍堵中國新島鏈〉，《玉山周報》，第五十八期，http://www.formosamedia.com.tw/weekly/post_1360.html

蔡明彥（2006），〈亞洲的陰影：中國對美國軍事優勢地位的挑戰〉。《國防政策評論》，第六卷第三期，頁 5–10。

蔡明彥、張凱銘（2015），〈避險戰略下大國互動模式之研究〉。《遠景基金會季刊》，第十六卷第三期，頁 6–8。

蔡東杰、洪銘德（2009），〈美中兩國在東南亞地區的構築與競爭〉。《遠景基金會季刊》，第十卷第一期，頁 48–50。

斯 洋（2010），〈亞洲崛起和美國的持續目標〉，《財經縱橫》，第九卷第十期。http://www.voafanti.com/gate/big5/。

陳素權（2010），〈二十國集團在全球治理結構中的角色分析〉，《東南亞縱橫》，第十期，頁 91–97。

陳文賢（1998），〈從權力平衡的觀點看亞太安全〉，《問題與

研究》，第三十七卷第三期，頁 19–73。

孫光明（1999），〈亞太安全合作理事會下的海事安全合作〉，
　　《問題與研究》，第三十八卷第三期，頁 45–68。

張志賢（2009），〈東南亞國協與亞洲區域安全架構〉，《國防
　　譯粹》，第三十六卷第七期，頁 81–85。

張國城（2013），〈從現實主義中的觀點看新加坡的外交政
　　策〉，《台灣國際研究季刊》，第九卷第一期，頁 100–
　　105。

張國城（2017），〈以色列的生存之道─現實主義者的觀點〉，
　　《台灣國際研究季刊》，第十三卷第三期，頁 62–65。

楊永明（1999），〈東協區域論壇：亞太安全之政府間多邊對話
　　機制〉，《政治科學論叢》，第十一期，頁 145–180。

鄭仁智（2014），〈從均勢理論看近期中美關係變化〉，《展望
　　與探索》，第十三卷第九期，頁 30–32。

鄭瑞耀（2001），〈國際關係─「社會建構主義理論」評析〉，
　　《美歐季刊》，第十五卷第二期，頁 201。

鄭中堂（2018），〈2017 年川普政府時期美國對中國政策之改
　　變：新古典現實主義觀點〉，《復興崗學報》，第一一二
　　期，頁 81。

蔡榮祥（2018），〈中國崛起與南海衝突：台灣在亞太戰略中之
　　影響〉，《遠景基金會季刊》，第十九卷第一期，頁 3。

劉少華（2000），〈新加坡的生存政策與對外關係〉，《世界歷

史》，第四期。http://dushu.qiuzao.com/s/shijieshi/LS20000000
K5/LS20000000K5114.html

蕭新煌、李明峻（2005），〈變動的南亞與台灣因應策略〉，
　　《亞太研究論壇》，第二十八期，頁 271–275。

譚偉恩（2006），〈權力平衡理論之研究：現實主義的觀點〉，
　　《國際關係學報》，第二十二期，頁 133–135。

藍嘉祥（2014），〈新加坡政府對中國的外交關係—以李顯龍時
　　期為例〉，《東亞論壇季刊》，第四八四期，頁 37。

魏百谷（2010），〈小國與強權相處之道：以芬蘭俄羅斯為例〉，
　　《台灣國際研究季刊》，第六卷第一期，頁 133–135。

四、網站資料：

《新加坡經濟概況》。http://www.ostg.cn/world/ecomy/sg.html。

《新加坡新聞網》。http://www.qkankan.com/asia/singapore/medium/。

《國際在線新聞網》。http://www.big5.cricn/。

《BBC 中文網》。http://www.bbc.co.uk/。

《FT 中文網》。http://big5.fchinese.com/。

《中文百科在線網》。http://www.zwbk.org/。

《人民網》。http://wwwpeople.com.cn/。

《玉山周報》。http://www.formosamedia.com.tw/。

《中國新聞網》。http://chinanews.com/。

《台灣東南亞協會研究中心》。http://www.aseancenter.org.tw/。

《台灣海外網》。http://www.taiwanus.net。

《台灣新社會智庫》。http://wwwtaiwansig.tw。

《東方早報》。http://www.dfdaily.com/。

《星洲日報》。http://www.sinchew.com.my/。

《星島日報》。http://news.singtao.ca。

《星島環球網》。http://www.stnn.cc:82/。

《美國海岸防衛隊官網》。http://www.uscg.mil/top/missions。

《行政院海洋巡防署網站》。http://www.cga.gov.tw/about_cga/results。

《海洋巡防總局網站》http://www.cga.gov.tw/sea/pages/p1.htm。

《東亞日報》。http://china.donga.com/big/。

《青年日報》。http://news.gpwb.gov.tw/。

《政大國關研究中心》。http://iir.nccu.edu.tw/。

《環球時報》。http://big5.cctv.com/gate/big5/。

《聯合早報網》。http://www.zaobao.com/。

《聯合新聞網》。http://udn.com/。

《美麗島電子報》。http://www.my-formosa.com/index.aspx。

《海峽評論》。http://www.haixainfo.com.tw。

《海峽資訊網》。http://www.haixiainfo.com.tw/index.html。

《國家政策研究基金會》。http://www.npf.org.tw。

《國際在線》。http://gb.cri.cn/。

《國際財經時報》。http://www.ibtimes.com.cn。

《新浪新聞》。http://news.sina.com.cn/。

《歐洲時報》。http://www.oushinet.com/。

《環球時報》。http://www.huanqiu.com/。

《聯合早報》。http://www.zaobao.com。

《亞太和平研究基金會》。http://www.faps.org.tw/。

《亞洲時報》。http://www.atchinese.com/index.phd。

《東方日報》。http://orientaldaily.on.cc/。

《東北亞研究中心》。http://blog.sina.com.tw/。

《美國之音中文網》。http://www.voanews.com/chinese/news。

《鳳凰網財經》。http://finance.ifeng.com。

《鳳凰網》。http://www.ifeng.com。

《南洋視界》。http://news.nanyangpost.com/2016/11/3_3.html。

《陸委會大陸與兩岸情勢簡報》。http://www.mac.gov.tw。

《文匯報》。http://www.wenweipo.com/。

《明報》。http://www.mingpaonews.com/。

《天下雜誌》。https://www.cw.com.tw/article/article.action。

《亞洲週刊》。 http://yzzk.com/cfm/content_archive.cfm?id。

《時政評論》。https://read01.com/zh-tw/Ed5GgG.html。

《多為新聞網》。http://www.dwnews.com/gb/。

五、智庫資料：

Australian Strategic Policy Instute, http://www.aspi.org.au/.

Belfer Center for science and International Affairs.

Center for defense Information.http://www.cdi.org/index.cfm.

Congressional Research Service. http://www.fas.org/sgp/crs/index.html.

Global security. http://www.globalsecurity.org/index.html.

Poicypointers. http://www.policypointers.org/.

Rand Corporation. http://www.rand.org/.

Sino Defense. http://www.sinodefence.com/.

Strategic & Defence Studies Centre, Australian National University. http://ips.cap.anu.edu.au/sdsc/.

The Brookings Institution. http://www.brookings.edu/.

The Heritage Foundation. http://heritage.org/.

The Hoover Institution. http://www.hoover.org.

The Internationl Institute For Strategic Studies (IISS). http://www.iiss. org/.

The Association Of Japanese Institutes Of Strategic Studies, http://www.jiia.or.jp/indx en commentary.html.

Project2049 Institute, http://project2049.net/.

US-China Institute, http://china.usc.edu/Default.aspx.

US-Taiwan business Council, http://www.us-taiwan.org/.

Yale Global Online.http://yaleglobal.yale.edu/index.jsp.

http://belfercenter.ksg.harvard.edu/publication/.

貳、英文部份：

(I) Books

Acharya, Amitav (2001), *Constructing a Security Community in Southeast Asia: ASEAN and the Problem Of Regional Order.* London: Routledge.

Adler, Emanuel and Michael Barnett (1998), *Security Community.* Cambridge: Cambridge University Press.

Bauman, Zygmunt (1998), *Globalization: the Human Consequences.* London: Polity Press.

Beasley, W.G. (1990), *The Rise of Modern Japan.* London: George Weidenfeld & Nicolson.

Bhagwati, Jagdish (1991), *The World Trading System at Risk.* Princeton:Princeton University Press.

Brown, Michael, et al. (2000), *The Rise of China* Cambridge, MA: MIT Press.

Chaliand, Gerard and Blin Arnaud (2007): *The History of Terrorism-from Antiqui Ty to Alaeda,* University of California Press.

Chalmers, Malcolm, Owen, Greene & Zhiqiong, Xie (eds.). *Asia Pacific Security & The United Nations* (West Yorks, United Kingdom: Bradford, 1995).

Cohen, Warren I. (2000), *East Asia at the Center.* New York: Columbia University Press.

Defence of Singapore 1994–1995: *Defending Our Future* Singapore: Ministry of Defence, 1994.

Frankel, Joseph (1988), *International Relations in a Changing World.* Oxford:Oxford University Press.

Garrison, Jim (2004), *America as Empire: Global Leader or Rogue Power?* SanFrancisco: Berrett-Koehler Publishers.

Gilpin, Robert (1967), *War and Change in World Politics.* New York: Cambridge University Press.

Hedley, Bull (2007), *The Anarchical Society a Study of Order in World politics* Beijing: Beijing University Press.

Holmes, Kim R. and Thomas Moore, eds. (1996) *Restoring American Leadership: A U S. Foreign and Defense Policy Blueprint.* Washington, D.C: The Heritage Foundation.

Holton, Robert J. (1998), *Globalization and the Nation-State.* New York: St. Martin Press.

Hoogvelt, Ankie (1997), *Globalization and the Postcolonial World: the New Political Economy of Development.* London: Macmillan Press.

Hook, Glenn and Ian Kearns, eds. (1999), *Sub-regionalism and World Order.* London: McMillan Press.

Huntington, Samuel P. (1991), *The Third Wave: Democratization in the Last Twentieth Century.* New Heaven Conn.: Yale University Press.

Isaacson, Jason F. and Colin Rubestein, eds. (1999), *Islam in Asia: Changing Political Realisty.* Washington, D. C.: AJC & AIJAC.

Kenneth, N. Waltz (1959), *Man the State and War.* New York: Columbia University Press.

Kenneth, N. Waltz (1979), *Theory of International Politics.* New York: Mc Graw Hill .

Kennedy, Paul (1987), *The Rise and Fall of Great Powers.* New York: Random House.

Kim Ilpyong J., ed. (1987), The Strategic Triangle: China, the United States and the Soviet Union. New York: Paragon House Publisher.

Lund, Michael S. *Preventing Violent Conflicts: A Strategy For* Mrazek, Rudolph (1994), *Sjahrir: Politics and Exile in Indonesia.* Ithaca: cornell University Press.

Palmer, Norman (1991), *New Regionalism in Asia and Pacific.* Lexington: Lexingto.

Power in the World Economy. Cambridge: Cambridge Univer Press.

Reich, Robert B. (1992), *The Work of Nations: Preparing Ourselues for 21ˢᵗ Century Capitalism.* New York: Vintage Books.

Strange, Susan (1996), *The Retreat of the State: The Diffusion of Sasakibara, Eisuke* (1993), *Beyond Capitalism: the Japanese Model of Market Economic.* Lanham, MD.: University Press of America.

Schulzinger, Robert D. (2002), *U.S Diplomacy since 1900.* New York: Oxford University Press.

Schwarz, Adam (1994), *A Nation in Waiting*: *Indonesia in the 1990s.* St. Leonards: Allen & Unwin.

Soderbaum, Fredrik and Timothy M. Shaw, eds. (2003), *Theories of New Regionalism.* Basingstoke: Palgrave Macmillan.

Vogel, Ezra F. (1979), *Japan as No. 1.* Cambridge, MD: Harvard University Press.

(II) Internet

Australian Strategic Policy Instute, http://www.aspi.org.au/.

Belfer Center for science and International Affairs.

Center for defense Information.http://www.cdi.org/index.cfm.

Congressional Research Service. http://www.fas.org/sgp/crs/index.html.

Global security. http://www.globalsecurity.org/index.html.

Poicypointers. http://www.policypointers.org/.

Rand Corporation. http://www.rand.org/.

Sino Defense. http://www.sinodefence.com/.

Strategic & Defence Studies Centre, Australian National University, http://ips.cap.anu.edu.au/sdsc/.

The Brookings Institution. http://www.brookings.edu/.

The Heritage Foundation. http://heritage.org/.

The Hoover Institution. http://www.hoover.org.

The Internationl Institute For Strategic Studies (IISS). http://www.iiss. org/.

The Association Of Japanese Institutes Of Strategic Studies, http://www.jiia.or.jp/indx en commentary.html.

Project2049 Institute, http://project2049.net/.

US-China Institute, http://china.usc.edu/Default.aspx.

US-Taiwan business Council, http://www.us-taiwan.org/.

Yale Global Online.http://yaleglobal.yale.edu/index.jsp.

http://belfercenter.ksg.harvard.edu/publication/.

American Enterprise Institute for Public Policy Research (AEI). http://www.aei.org/.

Asia Pacific Center for Security Studies (APCSS). http://www.apcss. org/text/text_index.htm.

Association for Asia Research. http://www.asianresearch.org/211,44,,1. html.

Center for Defense Information. http://www.cdi.org/index.cfm.

Center for Strategic & International Studies (CSIS). http://www.csis. org/.

Congressional Research Service. http://www.fas.org/sgp/crs/index.html.

Council on Foreign Relations (CFR). http://www.cfr.org/index.php.

Global Security. http://www.globalsecurity.org/index.html.

Federation of American Scientists (FAS). http://www.fas.org/main/ home.jsp.

East Asian Institute. http://www.eai.nus.edu.sg/WP.htm.

Institute for Defense Studies& Analyses (IDSA). http://www.idsa.in/ index.htm.

International Crisis Group. http://www.crisisgroup.org/home/index. cfm?id=1179&l=1.

Nautilus Institute for Security and Sustainability. http://www.nautilus. org/.

Policypointers. http://www.policypointers.org/.

Rand Corporation. http://www.rand.org/index.html.

Sino Defense. http://www.sinodefence.com/.

Strategic Studies Institute. http://www.carlisle.army.mil/ssi/index.cfm.

The Asia/Pacific Research Center Institute for International Studies. http://APARC.stanford.edu.

The Brookings Institution. http://www.brookings.edu/default.htm.

The Heritage Foundation. http://www.heritage.org/.

The Hoover Institution. http://www.hoover.org.

The International Institute for Strategic Studies (IISS). http://www.iiss. org/.

Yale Global Online. http://yaleglobal.yale.edu/index.jsp.

The National Bureau of Asian Research, http://www.nbr.org/ Publications/default.aspx.

Brussels Institute of Contemporary China Studies, http://www.vub. ac.be/biccs/site/.

The German Marshall Fund of the United States, http://www.gmfus. org/?page_id=518.

The Association of Japanese Institutes of Strategic Studies.

Chatham House, http://www.chathamhouse.org.uk/.

East-West Center, http://www.eastwestcenter.org/news-center/east-west-wire/.

Australian Strategic Policy Institute, http://www.aspi.org.au/.

Center for Strategic and Budgetary Assessments (CSBA), http://www. csbaonline.org/.

Project 2049 Institute, http://project2049.net/.

S. Rajaratnam School of International Studies (RSIS), http://www.rsis. edu.sg/.

Strategic & Defence Studies Centre, Australian National University, http://ips.cap.anu.edu.au/sdsc/.

Strategic Studies Quarterly, http://www.au.af.mil/au/ssq/.

US-China Institute, http://china.usc.edu/Default.aspx.

US-Taiwan Business Council, http://www.us-taiwan.org/.

Belfer Center for Science and International Affairs, http://belfercenter. ksg.harvard.edu/publication/.

Centre of International Relations, http://www.cir.ubc.ca/.

Singapore Institute of International Affairs, http://siiaonline.org/.

(III) Conference Papers

Abshir Waldo, Mohammad. "The two Piracies in somalia: Why the world ignores the Other," *Somali Press Review,* 6 January 2009. http://www.illegal-fishing.info/.

Haass, Richard. 1999. "What to Do with American Primacy." *Foreign Affairs,* Vol.76, No5, pp.35–47.

Judge Clark s. 2001/2002. "Hegemony of the Heart," *Policy Review,* No111, pp.3–10.

J. Ashley Roach, "Enhancing Mmaritime Security in the Straits of Malacca and Singapore," *Journal of International Affairs,* Vol.59, No.1 (Fall/Winter2005). pp.97–117.

Klein, Yitzhak. "A Theory of Strategic Culture." *Comparative Strategy,* Vol. No.1, pp.3–26.

Rice, Condoleezza. 2000. "Promoting the National Interests." *Foreign Affairs,* Vol.79, No.1, pp.42–45.

RADM Chew Men Leong, "Navies and Maritime Security-A Republic of Singapore Navy Perspective," *Pointer Journals,* Vol.33, No.3 (2007), pp.5–12.

Saunders, Philip C. 1999. "A Virtual Alliance for Asian Security," *Orbis,* Vol.43, No.2, pp.233–255.

Sutter, Robert. 2003–2004. "Why Does China Matter?" *The Washington Quarterly,* Vol.27, No.1, pp.73–68.

國家圖書館出版品預行編目資料

小國新加坡的生存與發展／藍嘉祥 著.--初版--
　臺北市：蘭臺出版社：2022.02
　　面；　公分. --（東南亞史研究；4）
　ISBN：978-626-95091-3-3(平裝)

1.區域研究 2.國家發展 3.新加坡

738.7　　　　　　　　　　　　　110021498

東南亞史研究 4

小國新加坡的生存與發展

作　　　者：藍嘉祥
編　　　輯：沈彥伶
校　　　對：楊容容、古佳雯
美　　　編：凌玉琳
封面設計：塗宇樵
出　　　版：蘭臺出版社
地　　　址：台北市中正區重慶南路1段121號8樓之14
電　　　話：(02)2331-1675或(02)2331-1691
傳　　　真：(02)2382-6225
E—MAIL：books5w@gmail.com或books5w@yahoo.com.tw
網路書店：http：//5w.com.tw/
　　　　　　https：//www.pcstore.com.tw/yesbooks/
　　　　　　https：//shopee.tw/books5w
　　　　　　博客來網路書店、博客思網路書店
　　　　　　三民書局、金石堂書店
經　　　銷：聯合發行股份有限公司
電　　　話：(02) 2917-8022　　　傳真：(02) 2915-7212
劃撥戶名：蘭臺出版社　　　　　帳號：18995335
香港代理：香港聯合零售有限公司
電　　　話：(852)2150-2100　　　傳真：(852)2356-0735
出版日期：2022年 2 月 初版
定　　　價：新臺幣 360 元整（平裝）
ISBN：978-626-95091-3-3